U0740965

作者简介

李文红　北京外国语大学文学博士，德国海德堡大学博士后。现为北京外国语大学副教授。主要教研方向为德国外交及中德关系。

于　芳　中国人民大学法学硕士，北京外国语大学文学博士。现为北京外国语大学讲师。主要教研方向为德国外交、中德关系及德国国家国情。

世界变革中的
中德关系研究

李文红　于芳◎著

人民日报学术文库

人民日报出版社

图书在版编目（CIP）数据

世界变革中的中德关系研究／李文红，于芳著．——
北京：人民日报出版社，2016.12
ISBN 978－7－5115－3863－5

Ⅰ.①世… Ⅱ.①李…②于… Ⅲ.①中德关系—研
究 Ⅳ.①D822.3

中国版本图书馆 CIP 数据核字（2016）第 317422 号

书　　名：世界变革中的中德关系研究
著　　者：李文红　于　芳

出 版 人：董　伟
责任编辑：周海燕
封面设计：中联学林

出版发行：人民日报出版社
社　　址：北京金台西路 2 号
邮政编码：100733
发行热线：（010）65369509　65369527　65369846　65363528
邮购热线：（010）65369530　65363527
编辑热线：（010）65369518
网　　址：www.peopledailypress.com
经　　销：新华书店
印　　刷：北京欣睿虹彩印刷有限公司

开　　本：710mm×1000mm　1/16
字　　数：230 千字
印　　张：13.5
印　　次：2017 年 2 月第 1 版　　2017 年 2 月第 1 次印刷

书　　号：ISBN 978－7－5115－3863－5
定　　价：68.00 元

前　言

　　自 1949 年中华人民共和国建立以来，中国与德国历经冷战对峙与和平共进，历经 60 多年风雨，其间不乏挫折与曲折，目前中德关系处于友好的良性发展时期。中德建交以来，尽管国际形势波诡云谲，但中德关系除了 20 世纪 80 年代末至 90 年代中期曾一度跌入低谷以外，双方关系在总体上是不断向前发展的。当然，随着国际大环境的变化，中德两国关系的政治基础也随之发生相应的调整。

　　当今世界，形势复杂多变，国际关系和国际格局进入深入调整时期。中国和德国分别作为世界第二和第四大经济体，彼此之间长期保持政治互信、经济增长、整体实力攀升的势头，并实施自主多元外交，更重视双方的核心利益所在至关重要。面对全球经济发展疲软的新态势，以及大国间博弈日趋激烈的外部环境，中德双方更加重视并加强友好交往和互利合作，对推动中德关系和中德双方合作取得新的重要进展十分必要。

　　本书是从新时期中德关系的研究现状出发，较为全面地介绍了在世界变革的浪潮中，中德关系的发展变化情况。具体而言，首先，本书系统性地介绍了当今世界的发展变化情况，以及由此而衍生的一系列新问题。此外，笔者针对我国对德以及西欧外交政策的发展变化做了研究。其次，本书对世界变革中德国外交政策的发展与演变做了研究，并就中德两国媒体对彼此的认识做了介绍。再次，本书以欧债危机以及中德贸易的摩擦问题为出发点，借此分析了变革中的中德关系。最后，本书对新时期中德关系的发展与演进做了比较具体的探究。由于笔者时间与精力有限，书中难免存在不足之处，敬请各位读者予以批评指正。

目　录
CONTENTS

第一章

绪　论

第一节　选题动机和意义

一、选题目的

　　是什么驱使笔者撰写这部专著？案头有不少关于中德关系的文章和书籍，但却没有一本专著介绍和论述中德关系的变迁和最新发展。随着国际形势变化和全球一体化形势发展以及中德两国在国际事务中的重要性，这样一本专著显得格外重要和需要。从政治上讲，中国是联合国五个常任理事国之一，德国是五常加一，例如在讨论伊朗问题的重要国际会议上，先由五常加德国这六国即五加一讨论之。在经济上，德国是一个贸易大国，2008 年对外贸易出口额达到 9948 亿欧元，占其当年国内生产总值的三分之一，每 5 个劳动力中有一个依赖对外贸易。两国经济贸易相互需要、相互补充，贸易往来更加密切。1972 年初，中德两国贸易额只有 2.75 亿美元，至 2011 年增长到 1690 亿美元，两国贸易额努力争取到 2015 年达到 2800 亿美元，要在现有基础上增加幅度越过 60%，中德双边贸易额占到中国对全欧贸易的 25.6%。

二、选题意义

　　1972 年中国和联邦德国正式建立了外交关系。随着中国改革开放政策的实施和深入，中德间的政治交流和经济往来不断加强。1987 年 7 月 12 日，德国时任总理科尔偕同夫人一行对中国进行正式访问，行程从上海开始。访问期间，科尔和中国政府领导人就国际形势及两国关系进行了深入交谈，科尔强调，两国今后在政治上的"相互磋商"、经济上的"密切合作"、文化上的"相互交流"，应成为两国长期、稳定合作的"三大支柱"。7 月 16 日科尔一行从南京乘飞机抵达西藏自治区拉萨进行正式访问，是访问西藏自治区的第一位时任外国政府领导人①，中德两国关系步入"黄金时期"。

1993 年是中德关系取得重大进展的一年。其最重要的标志是，该年 11 月 15 日—22 日，德国总理科尔再次到中国进行正式访问。这是科尔第三次以联邦总理的身份到中国进行国事访问，也是德国统一后科尔以统一德国总理的身份第一次访问中国。它标志着中国和统一后德国的关系进入一个新的发展阶段。科尔总理这次访华之行的背景是：统一后的德国，国际地位有所提高，但消化民主德国的困难超出预料，使振兴德国东部地区在经济上陷入严重困难。德国积极谋求发挥大国作用，英、法却竭力加以牵制，美国也不愿意看到德国在欧洲进一步坐大。因此，科尔政府希望进一步加强对华关系，政治上谋求中国更多的支持，经济上利用当时英、法同中国关系发生困难，获取实惠，以缓解其国内经济困难。在科尔执政时期，德国对华政策中还必须大书一笔的是德国亚洲政策的出台。20 世纪 90 年代起，经济全球化趋势日益明显，世界明显朝着多极化方向迈进。在德国的亚洲政策中，中国占有中心地位。德国把中国看作是一个"潜在的世界大国"，认为中国在致力于国内经济建设时，不仅需要持久和平的国际环境，也需要资金、技术和管理经验，通过与中国的发展交往，德国将大大受益。中国不仅视欧盟为重要的经济伙伴，而且还当作霸权国家美国的潜在的平衡力量。中国不仅把德国看作是重要的经济伙伴，而且还看作是对抗美国霸权的潜在的抗衡力量。②然而，正当中德关系沿着良性轨道积极向前发展时，两国在价值观念上的不

---

① 殷寿征：《德国总理科尔》，时事出版社，1992 年 2 月。

② Heilmann, Sebastian (2002)：Grundelemente deutscher Chinapolitik. In：China Analysis，14，August 2002. http：//www. chinapolitik. de/studien/china_ analysis/no_ 14. pdf.

同看法以及对国际关系准则的不同认识又一次发生碰撞，令中德关系再经曲折。风波是由德国方面引起的，触发点是所谓的西藏问题。西藏问题一再浮出水面，触发两国冲突。

施罗德总理1998年上任伊始就重视发展对华关系，在上述外交思想指导下，执政5年来5次访问中国，这样频繁的访问，在我国与西方国家的关系中是罕见的，其大大推动了中德经贸关系的发展。尤其是2001年10月31日至11月2日的第三次访华，其随行经济代表团之庞大，签署的经济合作项目价值之高在中德关系史上绝无仅有，为当时一直低迷的德国经济界注入了兴奋剂。在人权等敏感问题上，他采取"静默外交"，即避免与中国政府在公开场合就此展开讨论和争论。同时，他还致力于巩固和深化中德战略伙伴关系，并倡议开展中德法制国家对话。另外，他也坚决支持取消欧盟对华歧视性的武器禁运协议。

与施罗德不同的是，默克尔总理反对取消对华武器禁运协议。同时，她还多次直接在盗版和人权等问题上对中国进行指责。尽管如此，她还是继续如前任一样每年都访问中国，并且每次都携带庞大的经济代表团，其目的显然还是想深化中德经济合作和交流。2007年9月，默克尔在总理府接见达赖喇嘛，使中德关系进入了媒体所描述的"冰冻时期"。随后，默克尔也借助各种机会为自己的所作所为辩解。直到2008年初，德国政府首次明确严正申明支持一个中国政策，中德的这种紧张关系才有了缓和，两国签署了重新启动法制国家对话的协议。尤其是在四川汶川大地震后，德国向中国伸出了慷慨援助之手，给予中国很大帮助。2008年10月，默克尔再次访华。而到了2009年初温家宝总理访德时，媒体纷纷宣称中德已经迈出了"冰冻时期"。

德国大联合政府对华政策的基本原则和方向并没有任何改变。默克尔总理上任伊始就申明其执政任务之一是推动中德关系的深化和发展。她和中国政府领导人的多次会晤体现了其在这方面的努力。

反观施罗德政府的对华政策，我们不难发现其对中国方面也不乏批评。不同的是，时任外交部长菲舍尔更多地充当了批评者的角色，而不是施罗德本人。同时，默克尔政府的"新价值观"外交并不新颖，因为此种价值取向外交自 1949 年以来就贯穿联邦德国的外交政策中，并被写入其宪法。德国《基本法》即宪法第 5 条强调："每一个人有以语言、文字和图画自由地发表和传播其意见的权利，并有权从一般的允许取得情报的来源不受阻碍地进行了解。保障新闻出版的自由和广播与电影报道的自由，不受检查。"除此以外，中德在经济、安全和社会各领域一如既往的紧密合作也证明了德国政府的对华政策并没有大的调整变动。

在默克尔政府时期，唯一改变的是默克尔政府表面上更大张旗鼓地强调其价值原则。这种价值论调比重的提升，一方面是由于默克尔对中国的迅速变化不了解，另一方面可归咎于默克尔希望从中获取政治资本和得到更多国内国际支持。西方几十年反共宣传使得许多德国人对共产党政权反感。他们不假思索地把这种反感心理转移到对华态度上。另一方面，中国的飞速发展使许多德国人对中国产生了莫名的恐惧。这时一些别有用心的德国人便把德国经济和社会上存在的一系列问题同中国的崛起毫无根据地联系起来，反华及对华有恶意的言论似乎变得"深得人心"。默克尔政府也追随并利用了这种不正常的时代之风。由于这种对华的无端恐惧不仅是在德国流行，同时还较为普遍地存在于国际社会，所以默克尔通过她的言论也能在一定范围内赢得国际呼声。

中国和德国远隔万里，但是一直保持着良好的经济关系。中德经贸关系的飞速发展与两国间良好的政治外交关系是密不可分的。中德关系之所以发展顺利，主要的政治原因有二：

1. 中德两国没有历史遗留问题和现实的直接利益冲突；

2. 在两极世界格局崩溃后，尤其是在 2001 年"9·11"恐怖事件后，两国在许多重大国际问题上表现出相同或相近的看法。

两国都是世界上具有重要影响的国家，都反对一个超级大国主宰世界，赞成世界向多极化发展。中国支持欧洲联合和欧盟一体化进程，希望看到德国在国际事务中发挥更大的作用。德国政府坚持"一个中国"政策，支持中国继续改革开放和加入世贸组织，德国是中国在欧洲的重要合作伙伴。对德国而言，中国在其亚洲政策中具有核心地位。良好的政治关系为两国经贸关系的发展打下了坚实的基础。

在中德关系经历了前几年的波折之后，如何能够进一步深化发展两国的战略伙伴关系，是值得探讨的一个重要话题。正如中德领导人互访时曾说到的：中德两国应当加深了解，消除误会，促进双边关系的发展。德国作为二战的战败国，在冷战期间，唯美国马首是瞻，直到冷战结束、德国重新统一之后，才开始推进本土国际关系理论的发展，在学界也发出更大的声音。在冷战结束后的国际舞台上，德国是一个受人瞩目的国家，它地处欧洲的心脏位置，是带动欧洲经济的"发动机"。尤其是前任总理施罗德推行的"正常化"外交，使德国在国际事务中承担大国责任、谋求大国地位和作用的意识不断提高。

德国尽管不是一个幅员辽阔、人口众多的大国，但是在推动欧洲一体化进程中，在西欧乃至整个国际舞台上都占据着举足轻重的地位。本书尝试系统地介绍统一后的德国"身份认同"理论产生的背景、内涵，借用人权外交政策实践作为案例，来分析"身份认同"理论对德国外交的影响，为中国外交政策的理论发展提供借鉴和启示。本书的撰写旨在介绍理解德国外交，抑或德国对华政策的一个新视角，剖析其政策的战略理论来源，探讨该理论对德国外交的影响力。

第二节　国内外关于中德两国关系的研究现状

一、国内研究现状

国内研究现状主要分学术著作和学术论文两类：研究中德关系的学术著作基本上从中德关系史的角度出发，阐述中德关系的发展、特点、问题和前景展望等内容。尚无专著从理论视角来分析中德关系的现象、问题本质和矛盾根源。例如，2003 年出版的由刘立群、孙恪勤主编的《新世纪的德国与中国》；2006 年潘琪昌主编的世界知识出版社出版的《百年中德关系》等。

笔者认为，在中国的对外关系中，中德关系是一个重要组成部分，中德关系是中国学术界和外交界一大重要研究课题。例如 2010 年出版的北京外国语大学殷桐生教授主编的《德国外交通史》部分章节；2011 年社会科学文献出版社出版的北京外国语大学刘立群教授主编的《金融危机背景下的德国及中德关系》论文集，收录了中国欧洲学会德国研究分会第 13 届年会参会论文近 30 篇，内容主要涉及 2008 年以来全球性金融危机背景下德国的内政、外交、军事、经济、社会文化以及中德关系等方面的发展变化，是国内德国问题研究专家学者群体的最新力作；2003 年北京大学连玉如教授出版的《新德国问题》一书中，主要探索德国 1990 年 10 月 3 日重新统一以后，其在变化的国际体系中奉行什么样的外交政策，是继续坚持 1949 年以后西方一体化的根本方向，还是重蹈历史上"德意志特殊道路"覆辙。得出的结论是：德国对"复合性相互依存"的新世界政治结构的根本看法，它在外交决策上的欧洲化趋势，德国市民社会、利益多元主义和民主政治文化的发展，国内对实行西方一体化和国际多边主义外交政策的广泛共识等，都保证了德国具有"文明国家"的内核、现实主义的"贸易国家"外交政策的连续性。

关于中欧关系的专著对研究中德关系也有借鉴和启发的意义，可以参考（美）沈大伟，（德）艾伯哈德·桑德施耐德，周弘主编的 2010 年 2 月由社会科学文献出版社出版的《中欧关系：观念、政策与前景》，本书是迄今有关中欧关系最为系统和全面的著述，从中可以了解欧盟对华政策的制定和影响中国对欧政策制定的观念和看法等。朱立群主编的 2008 年由世界知识出版社出版的《国际体系与中欧关系》，本书在对国内现有研究进行系统梳理以后，选取了国际体系的研究角度和社会本体论的研究立场，并采取一种面向未来的规范视角，对中欧关系的结构、互动模式与特征、中欧关系发展的内生与外在影响因素以及在不同问题领域里的关系现状，进行了全面系统的分析和讨论。

另外，《国际政治的社会理论》《文化规范与国家安全》《国际社会中的国家利益》《建构安全共同体》《文化和认同》《世界政治理论的探索与争鸣》《国家安全文化》《地区构成的世界》等著作的翻译促进了建构主义国际关系理论在中国的迅速发展。

在中国期刊网上可以检索到 79 篇与中德关系相关的论文和文章，在探讨和研究冷战结束后中德关系的 13 篇论文中，有一篇论文梳理了中德关系史在中国的研究现状，一篇论文探讨了默克尔政府调整对华政策及其外交风格对中德关系的影响，其余文章基本上是从中德关系的现实特点、历史问题和未来走向几方面来阐述中德关系。可以说，目前的研究成果尚缺乏关于冷战后中德关系的专著研究，并且从国际关系史叙述角度著述较多，从国际关系理论的某一路径出发分析中德关系，并以价值观等观念性因素出发来研究中德关系的研究论文数量极少，这为本课题的研究提供了空间。关于建构主义理论的论文搜到的主要有：2004 年熊炜出版的《统一之后的德国外交政策》，作者从国际角色的角度出发，分析德国国际角色定位和转化的内外根源及其对外交政策的影响，研究德国担任新的国际角色面临的挑战及其可能采取的策略。阎学通、孙学峰：《国际关系研究实用方法》（北京：人民出版社，2001 年）；姚勤华：《建构主义对国际关系理论发展的影响》（社会科学，2010 年第 12 期）；薛力、肖欢容：《中国的建构主义国际关系研究：成就与不足（1998—2004）》（世界经济与政治，2006 年第 8 期）；温丽娟：《略论建构主义国际关系理论的学理基础与基本理念》（学术交流，2010 年第 1 期）；张弛、叶自成：《人权观差异与中欧关系》（国际问题论坛）；焦兵：《现实建构主义国际政治的权力建构》（世界经济与政治 2008 年第 4 期）；等等。

关于中欧关系的论文也很有启示，如：郭素琴的《中国学者对后冷战时期中欧关系的认知比较》，本文认为中欧关系不仅取决于双边关系的客观发展，也与双方对于对方的认知有关。认知既是客体对主体的刺激，也是主体对客体的主观建构过程。所以，认知常常会有不足甚至是偏差的时候。周秋君的《中国与欧盟：一种集体身份动态系统的建构主义分析》，文章中用一种社会学的视角发掘中国与欧洲联盟合作的动力，揭示观念、身份等社会性要素在中欧 30 年（主要时间跨度为 1975—2005 年）互动历史中的功能。其中，文章一个观点是，国家互动的方式体现为"身份互构"，即中国或者欧盟分别通过持续不断地调整自己的国际身份并同时建构与对方的关系来适应这一组双边关系。国家间互动的过程实际上是一种观念互动的过程，在这一过程中，不论是互动双方所进行的"国家社会化"抑或是"身份互构"，都是动态的而非静止与先验的。张弛的《从共有知识到身份认同——从建构主义视角看中国同欧盟的关系》，文章分析中欧通过互动的社会学习过程产生共有知识，建构各自身份和利益的过程提供了新的视角。中欧之间的积极共有知识对于双方形成集体身份认同，促进双方关系发展，具有重要意义。张薇的《中欧关系发展的主体身份因素》，从身份理论解读中欧关系。邓宗豪、高吉祥的《中欧关系的建构主义理论分析》，从建构主义合作理论的角度来探讨目前中欧关系，都对发展中德关系有启发意义。

二、国外研究现状

德文或英文文献中关于中德关系的研究著作较少，主要集中在中德交往的史实回顾和总结上。关于身份认同理论和文明力量角色理论，文献数量较多，这里只列举出最具代表性的著作，为梳理德国外交政策中的价值观念提供充足的资料来源。

1995 年出版的由罗梅君（Mechthild Leutner）主编的对中华人民共和国成立以来中德关系进行全面总结和回顾的《1949 至 1995 年的中德关系》（Bundesrepublik Deutschland und China 1949 bis 1995）；伯纳斯（Carsten Bohnes）撰写的《德国对华外交政策》（Deutsche Außenpolitik gegenüber China）（2007 年出版），主要考察了 1998 年至 2005 年间红绿联盟政府的对华政策。德国学术界身份认同理论主要来自特里尔研究小组的成果以及其它有关国际关系身份认同理论的书籍。伯恩哈德（Stahl Bernhard）和哈尼施（Sebastian Harnisch）撰写的《对比外交研究和国家身份认同》（vergleichende Außenpolitikforschung und nationale Identitäten），毛尔（Maull）教授和克努特·基尔斯特（Knut Kirste）撰写的《文明力量案例研究》（1998 年出版），系统地提出文明力量理论及其主要论点。

第三节 研究方法以及研究的主要内容

一、研究方法

本书从理论研究及其与外交决策实践相联系的角度，系统、深入地研究德国价值观和德国国家的自我定位及在国际上承担的责任，用文献研究方法，详尽搜集相关文献并认真研读思考，主要采用理论与案例分析相结合的研究方法，探讨中德两国外交政策和之间的关系演变。全面系统地梳理以历史作为纵线，以世界格局的变化作为背景的两国关系的历史沿革和最新发展跟踪，并且具有很强的时效性。从变和不变的因素折射出两国不同价值观念的冲突与交锋，也反映出德国的价值观念在与经济利益一争高下。本书理论联系实际，历史结合现实，尝试从一个国际视角来阐释中德关系，从而启发中国和西方大国交往的一种全新的可能性——创新的伙伴关系。

本书的研究注重理论和实际相结合，首先用文献研究方法，对现有中外文文献进行梳理，厘清现有的研究状况，在此基础上深入探究。并且首次运用最新的德国调查数据和纲领性文件，以及跟踪中国的最新时事。

二、研究的主要内容

本书研究内容主要分为七章：

首先，前言主要介绍本书选题的学术意义、国内外研究现状、研究方法以及研究的主要论点和创新之处。

风云变化的世界给国际关系带来挑战，从四个走向予以阐述，即政治多极化走向与新兴国家的群体性崛起，经济全球化与互联互通，文化多元化：文明冲突还是文明融合，信息社会带来新的挑战。世界变革中的中国，从中国对外政策的基础：国情（从过去到现在）作为分析起点，接着谈到中国对外政策的基本原则和指导思想，以及中国对外政策的传统文化底蕴，最后落脚在二战后至今中国对德政策的演变。阐释中德外交政策中价值观念的共同之处，例如德国主张国际关系文明化、武力是解决国际冲突的最后手段、多极世界、外交冲突用政治手段解决、不赞同美国单极称霸世界等观念，都和中国外交理念有相同或相近的地方，这是中德两国进行合作的基础。中德关系依然以经济互利为重要基础，中德经贸关系依然发展强劲，特别表现在国际金融危机和欧债危机时期中国对德国和欧洲的支持方面。

世界变革中的德国外交，首先详细叙述了德国外交政策的出发点，接着进一步描述作为文明力量的德国外交，目前德国从文明力量走向建构力量，最后具体描写德国外交政策中的中国角色演变。德国国家身份源自内部认知，在国际观念互动中形成身份认知，主要由以下五点组成：欧洲导向、外交多元化、文明力量外交理论与实践，以及贸易立国和背离克制文化，独立、自信的外交意识逐步加强，加快了迈向政治大国的步伐。并具体分析德国外交政策中的价值观念对中德关系的影响。其核心就是以西方为中心，以西方为楷模，天下归一于西方，主张让渡主权，宣扬德国以及西方的自由、民主、人道、人权，因而始终是中德关系的一个干扰因素。在德国最近几届政府任期内，最显著的便是攻击中国模式和德国总理默克尔在总理府接见达赖喇嘛，以此来推行西方的民主人权价值观，致使双边关系受到严重影响。

随着国际局势和国际力量对比的变化，德国的身份认同发生了变化，中德关系出现了新现象、新问题，诸如德国国家领导人接见达赖等，从身份认同视角来看，就是源于两国在国际社会中身份定位发生了变化。源于两国的价值观念差异，用身份认同理论来分析中德关系，具有现实意义，可以提供一个崭新的视角，知己知彼，才能百战不殆。德国外交身份认同最典型的特点是欧洲化、多元外交和文明力量，例如默克尔的外交特点就是价值观外交。从身份认同并从价值观的角度来解析中德关系中矛盾和冲突的研究甚少。在外交实践中，中德关系以经济互利为基础，身份认同和经济利益之间存在博弈。中国文化历史悠久，内敛包容，在国际关系中主张求同存异；德国因为两次世界大战的经历强调克制文化，强调民主制度，在外交上主张优先通过谈判来解决争端。中德外交政策中的价值观念有共同之处，例如德国主张国际关系文明化、武力是解决国际冲突的最后手段，多极世界、外交冲突用政治手段解决、不赞同美国单极称霸世界等观念，都和中国外交理念有相同或相近的地方，这是中德两国进行合作的基础。在外交实践中，中德关系以经济互利为重要基础，这就同价值取向产生冲突。例如德国竭力推行价值观外交，这大大影响了中德关系，但中德经贸关系依然发展强劲，特别表现在国际金融危机和欧债危机时期。

在二十一世纪中德两国如何看待对方？本书抓住了主流媒体的报道倾向（中对德，德对中），并从最新的对华认知报告予以分析对比，很具有前沿性和国际性，最重要的是深刻分析了中德之间的认知偏差及根源。

其次，考察国际金融危机和欧债危机背景下的中德关系。自从国际金融危机爆发以来，德国的身份认同也随之有所变化，尤其在欧债危机中德国对中国有所期待，而中国努力帮助欧洲走出欧债危机困境，但是期待和实际之间始终存在差距。关于欧洲如何克服欧洲债务危机，关于中国应当如何提供帮助，各界人士几乎各执一词，争论纷纷。在这种背景下，2012 年 2 月初，德国总理默克尔在其任期内第 5 次访华，旨在赢得中国的信任，为欧盟走出危机创造更好的外部条件，同时也意在说明德国应对危机的态度，加强中国对德国的了解。

在中欧贸易摩擦中中德作为战略合作伙伴，既合作也竞争，但合作是主流，德国坚持对话调停贸易摩擦。从全面战略伙伴关系走向创新伙伴关系，这是中德关系进入了黄金时期：全面战略伙伴关系，中德关系仍有潜在的矛盾领域（价值观，利益），但两国都愿意以创新面向未来、共建世界新秩序。书后附录是德国著名的理论学家汉斯·毛尔的文明力量理论。

第四节　研究的主要论点和创新之处

一、研究的主要论点

外交层面的价值观念来源于一国的文化传统和该国占主流地位的外交指导理论。价值观念影响中德关系是因为中德的文化传统不同。德国外交的价值观是西方国际关系主流理论，主要是新现实主义、新自由主义、建构主义，近20年来尤其深受德国身份认同理论和文明力量角色理论的影响。中德文化传统和外交理论中有共同和相近的东西，这是双方合作的基础。价值观念是重要的，但国家利益更为重要。这是中德发展关系的另一个重要因素。中德两国之间相互认知差异巨大，如何使双方理解这种差异十分重要。尽管两国存在文化、外交、历史传统、社会制度、发展水平等方面存在巨大差异，但应尽量减少因社会制度和意识形态不同而造成的不利影响（求同存异）。

二、创新之处

本书以国际形势的发展动态作为中国和德国的关系发展的历史纵线，考察两国在国际舞台上的认知与互动，在宏观背景下深入阐述中德之间成功的交往模式；本书首次追踪了两国之间最新的官方合作文件以及对彼此认知的调查数据，追踪时事前沿，结合中德交往的具体实例来阐述大国成功交往的一种可能性。同时，也介绍了德国学者在外交理论领域最新研究成果，丰富中国对建构主义的德国流派的认识。该书尝试结合东西方思维和视角的研究所长，主要采用：文献分析法、案例分析法和比较分析法。即在对现有研究成果进行整理、分类、利用的基础上，以新的研究视角进行分析；采取共性和个性分析相结合的研究方法，在一般说明的基础上，择取典型案例进行说明；并在重点分析研究对象的同时，将其与相关研究对象进行比较分析，从而更好地说明研究对象的本质特征，达到"集成创新"的目标。

第二章

风云变化的世界带来挑战

第一节 国际秩序与国际格局新动向

当今世界，国家安全和经济发展相互依赖，零和对抗观已经过时，任何国家在面对全球性危机时都难独善其身，国际战略需要的是合作共赢观。习近平主席在莫斯科国际关系学院演讲时说，任何国家都"不能身体已进入21世纪，而脑袋还停留在过去，停留在殖民扩张的旧时代里，停留在冷战思维、零和博弈老框框内"。以合作共赢观应对零和对抗观是中国获得国际社会支持的根本。以勇担维护周边地区稳定和发展重任的高姿态来抵御地区安全的"麻烦制造者"。

一、发展中国家的崛起

全球金融危机以来新兴国家快速崛起，这个以发展中国家为主的群体经济发展潜力巨大，与发达国家的经济差距不断缩小，面对经济危机的冲击，其经济仍保持了较好的发展，对世界经济的增长做出了巨大贡献，新兴国家积极参与国际金融和经济秩序的变更。

2008年，席卷全球的金融危机爆发以来，国际局势处于深刻的大变化、大调整之中。直接反映国际局势走向的国际格局，也处于从"量变"到"质变"的关键点。在推动国际格局深刻变化的诸多要素中，新兴国家成为重要的力量。"新兴国家"，是近几年广泛流行于国际从西方权力结构的建立到新兴国家的崛起，新兴国家崛起是当前国际政治的最根本特征之一。随着西方相对力量优势的削弱，全球财富和权力呈现出从西方向东方转移的趋势。在历史上，权力转移常常带来摩擦和战争。但是新兴国家崛起所带来的权力重构，具有前所未有的结构特征和时代条件，使得新兴国家崛起不太可能引发激烈的大国冲突甚至霸权战争。一个崭新的国际权力秩序可能在整体和平的环境下逐步成形。

金融危机爆发后，发展中国家虽也受到影响，但其中一些国家经济表现出较为强劲的势头，对世界经济增长的贡献突出，地位凸显，泛称"新兴国家"并广为流行。"新兴国家"指的是正在快速崛起的世界性大国或地区性大国，属于非西方国家，人口众多、资源丰富、市场规模大、经济发展迅速且发展潜力巨大，与发达国家的经济差距不断缩小，在所在地区乃至世界事务中日益发挥着积极而重要的作用，力求改革现存不公正、不合理的国际政治经济秩序，追求政治参与的平等和相互关系的民主。中国、印度、印度尼西亚、韩国、越南、巴西、墨西哥、阿根廷、南非、尼日利亚、沙特阿拉伯、土耳其等国都被看作新兴国家，大体包括了 G20 集团中的发展中国家，反映了一个正在崛起的不同于西方国家的"发展中国家群"。

二、国际权力的重新分配

国际格局由行为主体、行为主体之间的相互关系以及结构样式等要素构成。行为主体在相互关系基础上形成的结构样式，受客观环境和主观因素制约。前者指一定历史时期的国际大背景，它决定了一定历史时期处于国际舞台中心位置的国家之间的相互关系只能是特定的结构样式，深深打上了时代的烙印。后者指行为主体基于对国际环境以及本国利益的认识和判断所做出的对外战略选择。在国际格局的发展中，曾经出现的结构样式有多极、两极、单极，或单极—多极的混合形式。而在国际格局结构的转换中，历史上大多是以一个或者两个新兴大国的强势崛起，与现存大国强国的对抗甚至战争，最终使权力从现存强国转移到新兴强国手中实现的。

以传统的国际政治视野观察国际格局的力量转变，可能只会关注那些颇具世界大国潜质的国家。这是由历史上强国与弱国的巨大差距和一定时代条件下国际政治现状所决定的。但是，今天新兴国家的崛起不同于以往任何一种国际格局转换的新兴力量参与模式。美国的政治评论家法里德·扎卡利亚认为，这是继美国在20世纪崛起之后，现代世界历史上的第三次权力大转移。这次权力转换模式，意味着权力的分散崛起，不是一两个或两三个国家的崛起，而是一个"崛起群"。理查德·哈斯认为，在21世纪，权力将会分散而不是集中，没有单极统治性的领导国家，将会出现美国、中国、欧盟、日本、俄罗斯、印度6个主要力量，各地区会出现地区性的主要力量，如拉丁美洲的巴西、阿根廷、墨西哥、智利；非洲的南非；中东地区的埃及、以色列、伊朗和沙特阿拉伯等等；全球性的国际组织和区域合作组织也将拥有重要的国际政治权力。

新兴国家的"群体性崛起"，必将改变国际格局的结构样式，导致国际权力的分配更加均衡。新兴国家促进国际格局的发展愈加多元化，国际格局形成及其变动的物质基础，是一定历史时期构成国际格局的重要行为主体之间综合国力对比状况及其变化。传统观点认为，在综合国力中，军事实力占据主导地位，拥有强大军事实力的国家支配或深深影响着国际事务。然而，在当今全球化及信息化时代，权力赖以产生的资源已经变得越来越复杂了，国际格局的发展也显示出多元化。

如何认识2008年以来国际格局的变化，美国学术界影响较大的观点主要有以扎卡里亚为代表的"转移说"和以哈斯为代表的"分散说"，前者认为世界权力的中心正在从西方向东方位移，后者认为世界权力正在从西方向新兴力量扩散。中国有学者也认同世界权力正在从西向东转移，也有学者认为国际权力多极化已成为基本事实。总的结论是美国为首的西方国家在衰落，非西方国家正在崛起，权力中心从西方国家向非西方国家转移。

不论是"转移论""分散论"还是"多极论"，一定程度上都是以现实主义理论视角来观察国际格局的变化，把它看作是一种权力的此消彼长，而当前国际格局的发展变化，是建立在实力发展均衡化基础上的分散化与多元化。

三、全球经济实力分布更为均衡

新兴国家的群体崛起导致国际经济力量对比南升北降，促进了全球经济实力分布的均衡化。从经济增长态势看，世界经济增长的动力向新兴国家转移。20 世纪 90 年代以来，发达国家先后陷入衰退，发展中的新兴国家却保持了快速发展的势头。进入 21 世纪，特别是 2008 年全球金融危机爆发以来，新兴国家特别是金砖国家的经济仍然保持稳定增长。

2009 年 6 月，中印巴俄四国在俄罗斯叶卡捷琳堡举行了首次峰会，探讨如何应对国际金融危机，至此，此前一直作为一个概念存在的"金砖四国"发展为一个有形的多边外交模式。2010 年 4 月 15 日，"金砖四国"领导人第二次正式会晤在巴西首都巴西利亚举行。2011 年 4 月，第三次峰会在中国三亚举行，南非参加此次会议，"金砖四国"发展为"金砖国家"。今年 3 月第四次峰会在印度新德里举行，与会领导人倡议成立金砖国家共同开发银行，引起西方国家的广泛关注。这一新型多边外交合作模式反映了国际权力分散化的基本走向。

实力均衡化的发展趋势，使长期在国际事务中处于弱势地位的非西方国家与发达国家的差距不断缩小，从而平等参与国际事务的权利不断得以保障，从实力的对比看，如扎卡里亚所认为的那样，与其说是美国衰落了，不如说是其他国家纷纷崛起了。美国为首的西方国家在这次危机中的确受到沉重打击，不管扎卡里亚承认与否，在危机的冲击下，美国等西方大国面临诸多的问题和困难，软硬实力相对下降，而美国事实上一直处于相对衰落的过程中。新兴国家群体的加快崛起，促使国际格局朝着多元化发展。

国际格局多元化的发展，一方面表现在，从全球格局看，发达国家综合国力和核心竞争力领先的格局没有改变，金融危机对美国的一超大国地位是一个沉重打击。从趋势上看，美国在政治、经济、文化等各个层面上的优势地位正受到来自各方的挑战，特别是美国发展模式对非西方国家的吸引力下降，美国的软性示范力量减弱。但是，美国仍是当今国际事务中影响力最为广泛的大国，美国依然是世界第一大经济体，军事实力也无可匹敌，军费开支几乎是世界其他国家军费开支的总和。随着奥巴马入主白宫，美国的软实力又得到彰显。所有这些都不假，但是比我们想象的要脆弱。美国在国际事务中已难再发号施令，崛起的新兴国家如中国、印度、巴西、土耳其等，共同对美国塑造世界秩序的能力构成限制，如在全球气候谈判中，印度和巴西与中国站在一起。在联合国，土耳其和巴西都投票反对美国制裁伊朗的提案，美国的确不可能主宰一切了。

另一方面，新兴国家的崛起，表现为以更加平等的身份参与全球治理，代表性和话语权与过去比有了明显提高。在全球经济金融治理层面，新兴国家通过20国平台参与其中，在全球气候问题上，通过哥本哈根会议上的"基础四国"方式让世界看到新兴国家应该拥有的话语权。在联合国，无论是关于制裁伊朗或叙利亚，或是其他重大国际问题，新兴国家都以特有的方式发挥着积极作用和影响。

在地区问题上，新兴国家的崛起推动着世界各个地区蓬勃发展。巴西、墨西哥、阿根廷、智利、委内瑞拉、印度、印度尼西亚、韩国、伊朗、沙特阿拉伯、以色列、南非、尼日利亚等，这些国家不仅在地区事务上发挥着积极作用，而且"合力"推动着国际格局发生变化。

如果说新兴国家的代表是金砖国家的话，那么中国则是金砖国家中"含金量"最大的国家。中国的崛起是在促进世界和平中实现崛起，是在促进全球稳定中实现崛起，是在坚持不称霸、不谋霸中实现崛起，中国的和平崛起方式及其既合作又不称霸的国际事务参与方式，中国在全球格局和地区格局中的特有地位和影响，从一个侧面反映了21世纪国际格局的发展方向。

21世纪初，以欧盟和北约"双扩"为手段的欧洲一体化趋势因经济危机而停顿甚至终止，西方发达国家转而在政治、经济和军事层面"抱团取暖"，与其说近些年美欧在北非、中东和东亚发动的是战略攻势，不如说是它们为了应对新兴国家的兴起和维护西方在国际体系的主导地位而被迫采取的抱团行动。

四、德国的崛起

欧洲形势和世界形势都已发生变化，过去的安全规则和行为方式都应随着改变。国际挑战的现实也发生了变化，除了传统安全问题还有非传统安全问题挑战，未来的问题首要的不是完全能用军事回应可以解决的。传统的跨大西洋合作机构，比如北约，难以完全适应已经改变了的安全形势。

冷战结束和德国统一，德国的安全环境发生了巨大变化。随着东欧地区的捷克、波兰和匈牙利加入北约，德国已从原来的东西两大阵营对峙的"前线国家"转而成为欧洲的中心，周边国家要么为盟国，要么为友好国家如瑞士等。德国安全防务政策仍然离不开三个内容：一是依靠北约来维护自身安全，推进北约东扩；二是致力于实现欧盟一体化进程，利用地缘优势扩大对东欧国家的影响，建立欧盟自己的安全与防务政策；三是谋求联合国安理会常任理事国席位，跻身世界政治大国行列，争取在维护国际安全与稳定方面发挥重要作用。德国的防区原来只限于本土防御和北约地区范围内的防务，现在欧洲和世界的安全形势出现了变化，德国欲要谋取大国地位，所谓承担更多"国际责任"，就必须走出北约地区范围，走向世界，参与更多的世界防务活动。①

统一后的德国外交越来越独立、自信，并努力谋求获得联合国安理会常任理事国席位。德国统一以来，提倡并坚持多边主义外交战略，是指德国对待国际关系时趋于依据规范的无差别行为原则，寻求与协调和他国进行制度化的合作的一种对外战略。通过对多边主义进行工具化的应用，来提高德国在国际组织中的影响力与话语权，德国外交政策中的这种多边主义的趋势也已展现。多边主义之所以成为德国外交的核心理念，一方面是由于战后德国对历史进行了深刻反思，经历过分裂、主权不完整的困境及冷战的国际环境。德国如果想要崛起，单凭自己的力量是不行的，必须与其他国家进行比较平等的合作才能实现德国重新崛起的梦想；另一方面，由于战后德国的经济社会发展越来越深刻地融入了欧洲一体化和经济全球化进程之中，在经济

---

① 参见《德国军事力量详表》，战略网 http：//www.chinaiiss.com/military/view/162。

全球化的情况下，你中有我，我中有你，可以说，谁也离不开谁，由此为德国带来了高度的相互依存性。当今德国多边主义的特点在于强调多边主义的同时，不断将多边主义作为扩大德国影响力，维护德国国家利益的工具。

在冷战结束后的十多年里，德国始终在欧盟的框架内行动，维护跨大西洋伙伴关系，德国基本保持了对外政策的连续性。德国将欧盟作为一个价值共同体，以共同的价值观为自身对外行为的规范，并不只是基于物质利益的考量。德国政治家认为，德国只有同欧盟的成员国一致行动，才能赢得世界的信任和尊重，才会成为欧洲一体化的发动机。从经济和地缘政治角度来看，欧盟对德国具有决定性的意义。联邦德国由于长期不拥有充分的主权，又自认是战败国，只能借助于欧共体和北约来发挥自己在国际舞台上的作用；加之受到巨大制约，一直被排斥于"极"外，所以今天统一后的德国能否成为新的一极，出现"德国的欧洲"，除综合国力因素外，关键取决于它是否能够摆脱各方的掣肘，是否愿意、是否能够控制欧盟在国际上独立发挥重大作用。它主张并谋求政治多极化，反对单极世界和单边主义，竭力推动欧盟的建设，使欧盟尽快成为世界的一极，避免出现一个"德国的欧洲"给邻国带来恐惧。德国要把自己建设为一个"欧洲的德国"，而不是"德国的欧洲"，这既是对历史经验和教训的正确总结，也是现实的必然驱使。

五、德国对美外交政策

德美关系是德国外交的第二个核心战略，它以利益和价值为导向，两国的价值观是一致的。自从联邦德国成立以来，与美国建立的跨大西洋伙伴关系是德国对外政策最重要的支柱之一。德美之间这种特殊双边关系的形成既有历史的因素，同时也建立在两国共同的价值信仰与现实的安全与经济利益的基础之上。对于联邦德国而言，美国一直是其在欧洲联盟之外最亲密的同盟者和伙伴。

德国的外交政策的重中之重就是将自己融入欧盟、融入北约，在国际政治事务上以一个声音说话，谋求政治大国的地位。共同的价值观取向以及美国作为世界上唯一超级大国的地位，都充分证明德美关系在统一后德国外交政策中继续保持举足轻重的地位。

北约组织将进一步开展与非北约国家包括同俄罗斯的合作和协商。德、法等所谓的"老欧洲"国家虽然同美国依旧存在分歧，但出于各自利益需要和相同的价值观也都在同美国缓和紧张关系，以便从长计议地推进欧洲独立防务，为欧盟扮演全球角色培养所需的能力。美国也意识到了问题的严重性，也注意修复和加强美欧关系。德国认为冷战的结束并不意味着威胁德国和欧洲地区安全的危险就不存在了。

欧盟已经成长起来，从最初的六个成员国发展到现在的二十七个成员国，已在欧洲事务和国际事务中发挥着重要作用，包括在军事方面的安全。德国认为，欧洲集体防御仍然离不开北约，而且将来对国际危机做出反应时也必须有北约参与，同时，德国也认为"欧盟拥有军事行动能力"和"与北约并肩行动"同等重要，但这并不是欧盟与北约之间的竞争，而是一种补充，只有这样，大西洋两岸的北约伙伴才能应对未来的挑战。默克尔同时还支持北约加强与日本、韩国、新西兰、澳大利亚等非北约伙伴的合作关系，今后在世界上发挥更大的作用。

在地缘军事层次上，德国外交与安全政策的目标是建立以规范多边主义为基础的世界秩序，主张用和平方式解决区域或国际冲突，非到万不得已时不使用非和平手段，反对单边主义，反对美国"先发制人"的策略。而美国则依仗自己的实力，致力于维护自己的军事霸权地位，建立以美国为中心的单极世界秩序，将多边主义矮化为美国实现这一目的的工具。因此，德美之间在地缘军事层次的互动中存在着不可调和的目标和冲突。

第二节　全球治理新挑战

一、概述

习近平主席在"加强互联互通伙伴关系"东道主伙伴对话会上的讲话中提到，中国作为亚太经合组织第二十二次领导人非正式会议东道主，将亚太互联互通作为会议议题之一。在亚洲资源、亚洲制造、亚洲储蓄、亚洲工厂的基础上，致力发展亚洲价值、亚洲创造、亚洲投资、亚洲市场，联手培育新的经济增长点和竞争优势。实现这些目标，互联互通是其中一个关键环节。应该是政策沟通、设施联通、贸易畅通、资金融通、民心相通五大领域齐头并进。这是全方位、立体化、网络状的大联通，是生机勃勃、群策群力的开放系统。要实现亚洲国家的联动发展，要塑造更加开放的亚洲经济格局，要实现亚洲人民幸福梦想，要通过亚洲互联互通建设，拉近人民思想交流、文明互鉴的距离，让各国人民相逢相知、互信互敬，创造和享受和谐安宁的生活，共同编织和平、富强、进步的亚洲梦。要打造亚洲特色的合作平台。①

APEC 北京会议召开之际，世界经济仍然低迷，亚太经济体复苏脆弱。领导人非正式会议上，批准了《亚太经合组织推动实现亚太自由贸易区路线图》，标志亚太自贸区进程正式启动。"这是一个载入史册的决定，将把亚太区域经济一体化提升到新的更高水平，也将使太平洋两岸处于不同发展阶段的经济体广泛受益，为亚太经济增长和各成员发展注入新活力。"记者会上，习近平主席如此评价。从 2006 年 APEC 会议正式提出起，建设亚太自贸区就是亚太大家庭的梦想，但多年过去一直没能取得实质性进展，这是契合时代发展需要的一步，为亚太经济增长谋求新的驱动力和竞争力。"多年来，亚太地区一直是世界经济发展的引擎，我们必须保持这个引擎的动力，创新发展、改革增长是非常关键的路径选择。"中国 APEC 发展理事会理事长、第一视频集团董事局主席张力军说。"中国自身的利益从未像现在这样与邻国、与世界紧密相连。"世界看亚太，亚太看中国。就在会前，法定资本金 1000 亿美元的亚洲基础设施投资银行签署筹建备忘录，不仅将为区域基础设施互联互通注入资金，也将辐射和影响全世界。值得一提的是，第一批 21 个意向创始成员国中有三分之一来自 APEC，出资 400 亿美元成立丝路基金，为周边国家提供 2 万个互联互通领域的培训名额……这次 APEC 北京会议上，中国宣布向亚太和全球提供更多公共产品，这不仅利于区域持久繁荣发展，也

---

① http：//money. 163. com/14/1108/23/AAIJ7DP900253B0H. html。

为世界经济发展带来利好，尽显大国担当。从启动亚太自贸区进程，到决定实施全球价值链、供应链的领域合作倡议，APEC 北京会议取得了一系列重要成果，不仅对亚太地区有意义，对全世界也有意义。志同道合是伙伴，求同存异也是伙伴。①

二、德国对外经济政策的调整

在经济全球化层次上，德美之间的互动特点并非是单边主义和多边主义的冲突，而是两国都倾向于将多边主义进行功利化、工具化的阐释与应用，旨在维护和扩大本国的经济利益。当两国的经济利益发生矛盾和冲突时，仍然以本国的经济利益为主导加以解决，尽管双方会做出一些相互妥协但又照顾各自利益的解决办法。究其原因，这一方面是两国在国际经济秩序和制度的制定方面所持理念不一，具体经济利益相异产生利益冲突，另一方面也是两国在发达国家经济利益共同体框架内开展合作，为共同面对新兴国家崛起的挑战，继续共同掌握全球经济治理权提供了机会。奥巴马执政以来，德美双方围绕国际金融体系改革问题的冲突与合作在很大程度上印证了该特点。而随着以德国为代表的欧盟在国际经济事务上影响力不断上升，可以预见，德美之间在这一层次将会出现更多的利益纠葛。

20 世纪六七十年代，随着大批第三世界国家进入联合国，联合国本身及世界形势的变化和发展，西方发达国家不得不认识到第三世界对它们的经济和政治的影响，第三世界国家一向是德国的重要原料来源国和产品销售地，

在亚洲问题上，德国统一后，改变了过去不重视亚洲的政策，而大踏步地进入亚洲。必须估计到，推行一种积极的亚洲政策符合我们现实的政治和经济的利益。这种积极的亚洲政策确保德国的未来，也是确保和平的全球政策的不可缺少的组成部分，亚洲拥有世界人口的一半以上，亚太地区经济增长迅速，是世界上最富活力的地区。1960 年该地区只占世界国民生产总值的4%，在亚洲政策出台时达到25%，十年后可能达到世界总产值的1/3。其中"大中华经济区更是以令人窒息的速度发展着"。文件要求德国人更多地了解

---

① http：//news. hainan. net/guonei/guoneiliebiao/2014/11/12/2128585. shtml。

和熟悉亚洲；不仅政府，而且各种社会的和政治的组织要与亚洲国家建立和保持关系，扩大经济合作；特别要加强中小企业与亚洲国家的合作。文件认为德国与亚洲国家合作方式主要是：促进当地私营经济的发展居于合作的中心地位，支持中小企业扩大生产，促进职业教育和继续教育，促进基础设施建设，改善环保。

（一）新亚洲政策的提出

1993 年 9 月"德国经济亚太委员会"在科隆成立，促进德国企业在亚洲的活动，金克尔外长和雷克斯洛特经济部长出席成立大会，经济部长强调说，德国政治界和经济界应该挽起手来，"共同迎接亚洲经济的挑战"。1994年 1 月，德国驻 21 个亚太国家的外交官在波恩举行会议，会议通过一项"十点文件"，强调德国的新亚洲政策是保证德国未来发展的优先关注事项。"十点文件"的主要内容是：新亚洲政策是确保德国未来的优先任务；加强与亚太地区的关系；加强与该地区政治、经济、科技和文化方面人事关系；创造和改善投资的总体条件；加强与亚洲国家在环境政策和技术方面的合作；地球上大多数穷人生活在亚洲，亚洲是德国发展援助的一个重点；加强与亚洲国家的政治对话，使他们参与解决全球的重大问题；加强对亚洲的传媒工作；加强欧盟与亚洲的关系，最后强调德国愿意成为亚洲国家的一个好的、可信赖的和有益的伙伴。2002 年 6 月 25 日又出台了默克尔政府的"新亚洲政策"，声称将以更积极的态度参与解决亚洲地区的各种冲突。新亚洲政策首先提出，亚洲不仅对德国出口贸易重要，而且也关系到德国的政治和其他方面的利益。强调发展与亚洲国家的全面伙伴关系，从而改变了德国过去只重视发展与亚洲国家经济关系的偏颇。默克尔政府的"新亚洲政策"概括起来有三个方面的内容，一是经济利益如贸易、投资、竞争力的保障和科技合作；二是地缘政治战略利益如保障和平、防扩散、尊重人权、法治国家；三是全球利益如资源和气候保护、全球治理。认为亚洲的崛起，特别是中国和印度的崛起，不仅给西方带来经济影响，而且还在世界范围内产生巨大的地缘政治和安全影响，欧洲和美国必须在一个欧洲和大西洋影响日渐削弱的世界上重新定位，强调要在共同价值观和意识形态基础上建立"伙伴关系"。文件认为中国崛起具有深远影响，同时也强调印度和日本的重要性。德国政府经济合作和发展部长海德玛丽·维佐里克·佐尔（Heidemarie Wieczorek Zeul）把发展政策看作全球结构政策与和平政策，是一项"全球结构政策的任务"，是确保全球未来机遇的重要部分。她还认为，发展政策的目标是"社会公正，建立人道的生活条件，减少贫穷，尊重人权，促进民主基本秩序与全球生态平衡"，贫穷与社会不公是暴力与恐怖主义的温床，不减少贫穷便不能成功地反恐怖。为此，德国政府制定了《2015 年行动计划》，并决定到 2010 年把发展援助的资金提高到占国内生产总值的 0.51%，到 2015 年达到联合国规定的 0.7% 的标准。①

第三节　国际安全新特征

一、西方文化概述

西方文化在广义上是西欧、北美的文化，它融合了西方世界中所共有的价值观、风俗等，谈到西方文化，就不得不说到西方世界这个定义的范畴。西方文化包含了文学、科学、音乐以及哲学原理，且和其他文化有显著的差异性。受西欧移民或殖民影响强烈的国家，都在西方世界这个范畴之内。西方文化起源于西欧、北美人的历史活动。它的起源、发展以及成熟都存在于欧洲，进而通过殖民扩张于 19 世纪到 20 世纪扩展到南美洲、北美洲以及南非和澳洲，甚至给全世界都带来影响。

古希腊和罗马帝国被认为是西方文化的起源。斯拉夫人、北欧的日耳曼人及凯尔特人的文化也被认为是西方文化的起源，欧洲的形成主要由上述几种文化所推动。基督教文化统治了欧洲近千年的时间，阿拉伯文化也渗透并融入了进去，因此，提到西方文化，许多人不由自主想起基督教文化。早在公元前 1 世纪，希腊被罗马帝国攻占，古希腊的科学、哲学、民主、建筑、

---

① 殷桐生：《德国外交通论》，外语教学与研究出版社，2010 年 7 月，第 339 页。

文学以及艺术融入了罗马，由此发展了一种混合的文化。罗马文化又因日耳曼、斯拉夫以及塞尔特文化融入而发展更加多元化，但随着罗马帝国的衰落，许多艺术、文学以及科学都消失殆尽。而罗马基督教地位不断提高，使圣经成了西方文化中的核心部分，并且影响到了其所有领域，包括法律、艺术、哲学、政治以及教育。阿拉伯文化很好地保存了古希腊和古罗马的知识，它随着十字军东征，进而对西欧产生了深远的影响。由于资本主义经济不断发展，14 世纪欧洲历史上出现了著名的文艺复兴运动，16 世纪亨利八世又开展了宗教改革，西方文化遂逐渐定型。17 世纪科学革命又蓬勃发展，18 世纪启蒙运动大幕开启，到 19 世纪工业革命，西方文化历经巨变，日趋成熟，开始随资本主义的侵略扩张而传向世界。其中的一些理念，如民权、法律面前人人平等、司法公正以及民主已成为现代西方文化的基石。与此同时，美国从 19 世纪开始发展自成一体的西方文化，并于 20 世纪 50 年代后，逐渐占据了主导地位，其时尚、娱乐、技术以及政治，逐渐影响其他西方世界。

西方文化的核心是人文主义，它以人为中心，强调人是万物之灵，认为人有能力认识自然、征服自然、改造自然。科学和理性是它的法则；重视个体的发展、人与自然的对抗，崇尚民主与法制的意识，鼓励冒险精神等。具体来说，西方文化有以下五个特点：

西方的基督教，从起源上来说以天主教为首，而后是天主教和新教，从历史地位上来说是西方文明唯一最重要的特征。在它诞生后的最初一千年中，人们把西方文明统称为基督教世界；西方信仰基督教的各民族，都具有成熟的社会群体感，这一点使它们区别于土耳其人、摩尔人、拜占庭人以及其他民族；宗教改革与反改革，以及西方基督教世界中新教与天主教的对立也是西方历史的特征，这一特征在东正教中是不存在的。西方文化还沿袭基督教的原罪说，认为趋利避害是人的天性，因此它也是一种"罪感文化"。基督教的教义认为人生来即是有罪的，这和人本中心的世界观互相矛盾，其实二者是相互依托，互为补充的。前者强调人的主观能动性，鼓励人积极地改造自然；后者则是前者的规范，用上帝的惩罚约束人的妄为之行。

一个文明社会最核心的观念是法治，这一点取自罗马。中世纪的思想家就自然法的思想进行过详细的阐述，君主行使权利应当以自然法为依据。而在英国，普通法的传统得到了发展。16、17世纪的君主制时期，法治在现实中遭到极大的破坏，然而，人类的权力必须受到某种外力的制约，以保证其思想能够延续下来。宪政和人权的保护以法治为基础，个人的财产亦不受专制权力的管制。同一时期的其他文明中，法治在对于思想和行为的影响方面并不十分重要。

西方文化模式的主要特征是个人主义，也是西方文化的一个主要信条。西方文化以个人为社会本位，以个体为中心，注重人格的尊严。个体、人格和尊严是西方文化强调的三个关键词。西方人看重通过自我奋斗实现个体的自由与价值，坚信只有个人得到充分发展才有社会的充分发展。

在认识自然的过程中，西方人主张"天人相分"，认为人与自然是一种对立的关系，认识自然、进而改造自然是西方人的追求。西方文化注重科学与理性。早在古希腊、古罗马时期，就云集了许多科学家与哲学家。对自然进行探讨、探究事物的本质，是西方文化所鼓励的思维方式。经过中世纪神学思想的统治之后，科学开始登上历史的舞台。科学在西方的发展是西方社会从传统走向文明的转折点。科学主义与人文主义在西方文化中同等重要，二者共同构成了西方文化的主要特征。

西方人特别重视理性思维的发展。理性与科学是西方人的第二个上帝，它成了西方文化的典型特征。哲学是理性精神发展的产物。科学与技术使西方不断涌现新的发明，产生源源不断的社会革新力量。

这些是西方文化独特的组成部分。它们形成了西方文明的核心内涵与特征。它们使西方区别于世界的其他部分，具有不可替代的特点与作用。它们使西方文化成为引导现代社会进步的主要文化，也支撑着整个西方社会乃至世界的现代化进程。西方各国的文化都难免具有这种色彩。

二、中国经济腾飞与文化的关系

中国已成为世界第二大经济体，这无疑是人类发展史上的一大奇迹。对此，也许大多数人都会认为这是经济腾飞的结果。其实不然，当今世界，文化与经济相互促进与交融，在综合国力的竞争中，文化的地位与力量越来越凸显，并渗透在整个民族的创造力与凝聚力之中。中国改革开放的总设计师邓小平有句名言，叫作"物质文明与精神文明两手都要抓，两手都要硬"，说明了经济与文化不能截然分开的道理。中国有五千年引以为傲的文明史，但决不能躺在上面故步自封。在当今经济全球化时代，中国的五千年传统文化一定要与世界文化交流、融合，与时俱进，增强国家文化的竞争力，更好地促进中国的经济发展与国民素质的提高。在与各国文化交流融合中，中国应把社会效益放在首位，与世界各国发展哲学、社会科学、新闻出版、广播影视、文学艺术，特别是民众间的文化交流，亦可采取文化与科技融合、文化与产业融合的方式，加快中国与世界文化交流与融合的进程。文化是一个民族精神和自信心的体现，是一个国家的软实力。中国历来重视文化建设，相信在中华民族优秀文化和自强不息精神凝聚下，"中国梦"定能尽早实现。

长期以来，西方文明主导全球思维、观点与制度的发展。随着中国再崛起并跃居世界第二大经济体，中国的全球影响力与日俱增。以前说"西风东渐"，现在则是"西方与东方相遇"，而且正在出现"东风西渐"。面对这样的态势，了解、尊重并调和中西文化差异，进而取两者之长、避两者之短，将有助于落实专业与人文的平衡、达到在对立中实现超越与整合，并降低潜在的冲突与矛盾，最终对人类文明发展做出新的贡献。当下，全球文化交融已是不可逆转的历史发展趋势。

近代中国已从苦难磨砺中走向世界，儒家文明也已向现代文明转型，中华文化将以"包容开放"的文化自信，积极主动地吸收消化西学，也将以"为而不争"的文化智慧，扩大对世界的影响。近年来，中国不断扩大和深化对外文化开放，有力促进了中国文化产业的崛起并走向世界，也将使世界更多地了解今日中国的文化创新成果。中西文化交流，将成为促进人类文明进步的动力引擎。

西方重思辨、理性、分析、实证，东方重领悟、感性、综合、经验。中西方文化交流，从传统的视角来看，是取长补短、互惠互利；从发展的视角来看，是融会贯通、共生共长。社会的发展离不开文化的繁荣，而文化的生命力正是在于融合。求同存异，方能生生不息。中西方文化交流既要强调理念沟通，更要重视社会实践。在社会层面广泛建立内容积极、形式活泼、充满时代性和理论深度的活动载体，在体制机制、舆论氛围和人才培养上给予充足的发展空间，应该能有效促进中西方文化交流融合的程度和效果。

第四节　信息社会带来新变革

信息社会是以信息和通信技术为基础的社会。信息社会的各个领域都离不开信息和通信技术，唯有利用信息和通信技术才能建设一个后现代的信息社会。信息社会的概念离不开知识社会的概念，很多情况下，二者被视为同义词。

一、德国现代信息技术发展概况

在德国政府看来，西方工业国家从 20 世纪 70 年代开始，就显现出向服务型社会转型的趋势，到 90 年代中期，现代信息和通信技术渗入了社会生活的各个方面，给社会关系和社会结构打下深刻烙印。现代社会中信息交换变得越来越重要，因此现代社会也被称为信息社会。对信息流起着决定作用的是数码数据传输、移动通信、卫星技术和网络，这些领域的技术发展日新月异。数码信息已然成为社会经济的重要组成部分。要想在国际上保持信息社会的领先地位，保持德国的经济区位优势，就必须适应信息和通信技术的发展，将其作为创新和竞争能力的源泉。

1999 年德国政府首次提出一个战略性的方案，题为 "21 世纪信息社会中的创新和工作"，为德国进入信息社会确立了方向。2003 年国际社会在联合国的倡议下召开了一个国际峰会，探讨全球信息社会的问题，强调了知识和创新对全球发展和富裕的重要性。在发达国家如德国，现代信息和通信技术是实现增长、提升国际竞争力、加强就业的关键所在。根据全球经济论坛的排名，德国在 2002—2003 年度在各国的 IT 排名中从第 17 位前进到了第 10位。在创新、在线营销领域处于领先地位。每千人拥有的网站数量也超过了

美国的数值。早在2001年，德国的手机数量就超过了固话数量，手机密度达
到了80%，信息社会在德国早已形成。

2006年德国政府提出了"2006年德国通向信息社会行动计划"，旨在加
强德国在信息和通讯领域的领先地位。在1999年战略方案的基础上，加强与
所有经济主体和社会主体的合作，推进公共领域和私人领域的创新服务，计
划重点领域是：

（一）数字经济的增长和竞争力；

（二）教育、研究和机会均等；

（三）电子政务，网络安全与信任；

（四）电子医疗事业。①

到21世纪第一个10年，德国信息社会在各个方面都得到长足发展，如
在学校、教育、职业等领域都充分利用了信息和通信技术的优势。此外，信
息和通信技术也在企业和私人家庭中得到普及，并且政治经济方面还实现了
电子政务和电子商务。

二、德国信息产品贸易概况

2006年到2008年德国信息和通信技术行业的商品进出口连续三年缩减。进
口的信息和通信产品中，进口中国的产品数额却在逐年上升，详见下图（图1）：

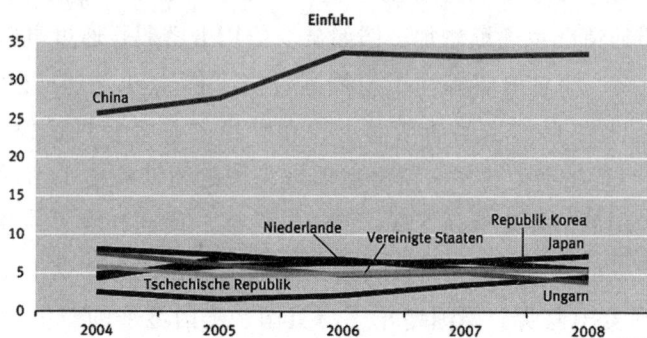

图1　德国信息产品贸易发展情况

---

① 参见2006年德国通向信息社会行动计划。

2008 年中国在德国进口的信息和通信产品中所占比例为 33.5%。而德国出口的信息和通信产品则主要流向欧洲大陆其他国家。

（一）信息产品普及率高

在企业和私人家庭中，信息和通信产品的配备在不断普及，几乎成为一种标准配置，大多数德国人都认为此类产品是参与社会生活所必需的物品。2008 年，电脑在家庭的覆盖率已经达到了 76%，在企业的覆盖率达到了 84%。

在行政管理方面，电子办公的趋势为管理的现代化做出了重要贡献。电子政府使得联邦、各联邦州和行政区域能够有效地提供资源利用效率和服务效率。自从 2002 年以来，德国的官方机构大幅度提高了在线服务的覆盖程度，涵盖了如收入申报、证件办理、驾照办理、公开招标等核心服务。

电脑和网络的普及为企业和私人家庭提供了选择新型服务的方式——电子商务。2008 年德国境内大约 45% 的企业将电子商务作为额外的销售渠道，相比 2005 年增长了 5%。全德国销售总额的 14% 来自电子商务。在教育领域，2007 年德国的中小学校有 99% 都配备了电脑并用于教学，2008 年平均 9 名中小学生拥有一台学习电脑。德国通信领域的价格不断回落，销售额有所减少，但是个人持有两部移动电话的趋势仍在持续。然而，信息技术的发展也使得信息安全成为人们开始关注的重点。随着智能移动通信的普及，利用新技术犯罪的情况也逐渐增加，例如窃取信用卡密码、通过电脑、网络行骗、软件剽窃、信息泄露等情况给德国带来了挑战。① 在信息安全方面，2013 年最引人注目的当属斯诺登事件和默克尔总理手机遭监听。七月，"棱镜"项目泄密者爱德华·斯诺登揭露美国的间谍和监视活动之后，德国民众对美国的信任度直线下降。德国《明镜》周刊刊载了一系列从泄露美国监听机密的斯诺登取得的材料所撰写的报道，认为默克尔总理的私人手机曾遭到美国监听。德国终止了与英国、美国签署的"信息共享"协

---

① 参见联邦统计局，德国的信息社会，2009 年。

议，德国外交部长韦斯特·韦勒称这样做是十分必要并且正确的决定。①
这一事件严重影响了跨大西洋伙伴关系，德国向美国提出紧急质询，要求
澄清，但美国总统奥巴马的回答"现在不会""将来也不会"监听则令人
感觉像是文字游戏。

------

① 参见斯诺登事件致使德国终止与英美"信息共享"，http：//world. huanqiu. com/
exclusive/2013 – 08/4208369. html，2013/12/25。

第三章

中国特色大国外交之路

　　中国的对德政策与德国的对华政策在价值观上有着根本的区别。中国外交政策是不与任何国家或国家集团结盟的独立自主的和平外交政策。中国的对德国政策也正是在这个思想指导下制定的，是根据中国的国家利益并考虑到德国实际而制定的一种双赢和共赢的政策。中国是一个以马克思主义理论为指导的社会主义国家，是世界上最大的发展中国家，又是一个具有悠久文化传统的文明古国，正是这些建构了中国外交的特色。中国特色外交理论，是马克思主义与中国特色社会主义理论以及具体国情和外交实践有机结合的产物，同时也继承了中国传统文化的精华和优秀成分。中国认为当前的时代特征是和平、发展与合作，时代主要矛盾是现有国际体制治理能力和日益增强的秩序需求之间的矛盾，认为解决国际争端的主要方式是谈判、对话与合作。

　　中国的国家身份实际上是历史悠久的文明古国和发展中社会主义大国的复合体。十七大报告把我国国家身份的目标描述为"富强、民主、文明、和谐的社会主义现代化国家"。十八大报告把我国国家身份的目标描述为"中国特色社会主义道路，就是在中国共产党领导下，立足基本国情，以经济建设为中心，坚持四项基本原则，坚持改革开放，解放和发展社会生产力，建设社会主义市场经济、社会主义民主政治、社会主义先进文化、社会主义和谐社会、社会主义生态文明，促进人的全面发展，逐步实现全体人民共同富裕，建设富强、民主、文明、和谐的社会主义现代化国家"。中国的国家身份定位应该定位为亚洲的中国、世界的中国和发展中国家。

随着中国国力的日渐增强和国际地位的不断提升，中国越来越意识到自身的国际责任。中国在和平发展的过程中，国家身份包括"负责任大国"，其国家利益包括维护世界和平和稳定，积极履行国际责任，对世界做出应有贡献。一方面，中国应当通过文化交流向世界人民传达中国人崇尚"和为贵"讲求"礼尚往来""乐善好施"，奉行"己所不欲、勿施于人"的文化传统和处事原则；另一方面，对外宣传既要充分发挥自己媒体的作用，也要利用西方媒体，例如发表领导人个人的文章和学者专家的文章，宣传中国当前发生的社会变迁和现代化进程所取得的辉煌成就，以及介绍中国的国内政策和应对诸多国际问题的政策和新举措。

中国作为具有世界影响力的地区大国和国际体系内负责任的社会主义发展中国家，迅速发展的大国，其外交正从应对型转为主动进取型，从"韬光养晦"转为"有所作为"，这是源于中国作为发展中国家的基本国情，源于中国文化传统"己所不欲，勿施于人"的理念。从国际政治伦理和外交哲学层面上看，韬光养晦是国家追求和保持谦虚自信、与人为善、和谐发展的高尚道德境界，体现了中华民族在思考民族复兴与世界共同发展方面的大智慧。当然，只是韬光养晦不能提高国家声望，还必须有所作为。在全球相互依赖的时代，国际或地区多边机制成为国家形象的重要展示平台，多边外交成为国家建构积极声誉和良好国家形象的有效途径。中国开始有意识地通过多边途径来推动和维护国际和平、安全与稳定。在国际层面，中国重视发挥联合国在处理国际安全事务中的核心作用，积极推动通过多边合作解决地区冲突。近年来，中国积极参与了联合国的多项维和行动。在地区层面上，中国积极实施睦邻、安邻政策，促进地区安全合作。中国积极推进地区安全对话与合作，在上海合作组织、东盟地区论坛、东盟与中日韩等地区合作机制中发挥了积极和建设性作用。

当今世界风云变幻，国与国关系在各自利益驱动下也在不断变化，中国周边环境不甚安宁，发展中国家进入利益分化期。在这些变化中，中国既要调整与一些大国的相互关系，构建一种新型的大国关系，也要调整和发展与一些新兴国家的关系，在国际事务中维护国家的核心利益，争取更多更大的话语权。中国将会进一步扩大对外开放，进一步深化国内方方面面的改革，做一个负责任的大国，与世界共享机遇，共创繁荣，共同建立一个和谐的世界大家庭。

现代世界存在三种秩序观：一是美国的霸权秩序观；二是欧洲的法制秩序观；三是中国的和谐世界秩序观。[①] 在当今经济全球化的新时代，尽管各国的意识形态和价值观不同，都应该抛弃相互之间的偏见，不以意识形态画线，而应相互宽容和包容、相互学习、相互认同、互通有无，这样才能建立一个和谐的世界。

第一节　十八大以来中国外交实践

中国的经济总量从世界第六位跃升到第二位，也是西方国家要求中国在国际事务中承担更多责任的理由。如果这个经济总量按人均计算，中国则属世界上发展中国家，发展中大国。因此，中国的国家身份定位也就在传统意义上的发展中大国与崛起的发展中大国之间徘徊，既要考量中国经济总量的大国地位，又要考虑中国仍然是个经济上不富裕的发展中大国。中国的国家身份实际上是历史悠久的文明古国和发展中社会主义大国的复合体。十七大报告把我国国家身份的目标描述为"富强、民主、文明、和谐的社会主义现代化国家"。十八大报告把我国国家身份的目标描述为"中国特色社会主义道路，就是在中国共产党领导下，立足基本国情，以经济建设为中心，坚持四项基本原则，坚持改革开放，解放和发展社会生产力，建设社会主义市场经济、社会主义民主政治、社会主义先进文化、社会主义和谐社会、社会主义生态文明，促进人的全面发展，逐步实现全体人民共同富裕，建设富强、民主、文明、和谐的社会主义现代化国家"。中国的国家身份定位应该为中国的中国、亚洲的中国、世界的中国和发展中国家。

---

①　秦亚青：《国际体系与中国外交》，世界知识出版社，2009 年 12 月。

中国的崛起包括中华民族的伟大复兴、亚洲崛起、发展中国家崛起和全球化四大背景。当然，温特的国家身份分类法，把中国定为"负责任大国""双边关系中的敌人朋友或竞争者""社会主义国家和发展中国家""地区性大国和国际组织（条约）的参加者"四种国家身份，这和我们的四种分类有些雷同。这四种国家身份是内属，还是外生，并无统一的定论。① 但内属是，中国是社会主义文明古国；外属是中国的国际角色。中国一方面要发展自己的经济，使全体中国人民能富裕起来；另一方面又要承担一些国际责任，支援一些发展中国家，参与国际事务，担负应当且能够担负的国际责任。但中国的发展不以牺牲别国利益为前提，而是以自力更生为主，争取更多的国际援助。其他国家援助中国，中国也援助其他国家，这种援助是相互的，是双赢和共赢的，中国发展壮大了，对世界的贡献也就更大了。

一、中国成为负责任的大国

随着中国国力的日渐增强和国际地位的不断提升，中国越来越意识到自身的国际责任。中国在崛起过程中的国家身份包括"负责任大国"，其国家利益包括维护世界和平和稳定，积极履行国际责任，做出应有贡献，推动世界经济发展。二十世纪九十年代中期，中国明确提出要做"负责任的大国"这一理念。有学者认为完成"负责任大国"身份塑造的方向包括：促进地区经济繁荣，塑造和平的地区环境，促进世界的和平和稳定，维护现存的国际秩序，推动现存国际秩序的调整和改良。完成"负责任大国"身份塑造的途径包括：努力开展区域主义经济外交，帮助和支持发展中国家的经济发展，大力倡导和落实新安全观，深化与世界主导力量或重要组织间的战略对话，积极参与和主导多边国际制度化与世界主导力量或重要组织间的战略对话，积极参与和主导多边国际制度的建设。② 可见，"负责任大国"身份内涵丰富，涵盖了"地区责任""全球责任""国际组织成员国责任""发展中国家责任"等等。因此，中国的个体身份——"负责任大国"是一个最宽泛意义

① 黄朝峰：《身份认同与中国崛起，一种建构主义视角》，硕士学位论文。
② 王公龙：《塑造负责任的大国形象》，《党政论坛》2007 年第 3 期。

上的身份，也是各种国家利益交织的身份，甚至包含着其他身份和其他身份后的国家利益。

正是基于"负责任大国"身份的复杂性，任何事件都可能触及中国"负责任大国"的身份，直接导致的结果是中国会面对众多"中国未尽到大国负责"的指责。本研究认为中国"负责任大国"身份要注意两点：一是中国"负责任"并不是什么事都有责任，中国不是"世界警察"；二是在具体事件中，中国"负责任大国"身份的排序并不是总是第一位的。中国提出做"负责任大国"，等于对外界做出的一个庄严承诺，并得到外界的认可，而努力正确妥善的处理各种国际问题，正是中国"责任"的一种表现形式，甚至已经成为中国的一种"责任"。但中国不可能在任何国际问题和事务中都打头阵。中国不是超级大国，中国不谋求地区霸权，从现状和实力看，中国只是一个经济大国，做好经济大国比较符合中国的国家利益。邓小平同志曾说过："这个头我们当不起，自己力量也不够，当了绝无好处，许多主动都会失掉。"

中国是世界上最大的发展中国家，也是最大的社会主义国家，应当在全球问题的解决中发出自己的声音并勇于承担符合自身经济实力的义务和责任，做一个负责任和有作为的大国。平等互利是新中国发展对外关系的基本原则。坚持互利合作，注重解决对外经贸活动中出现的问题。西方包括部分发展中国家的媒体开始攻击中国，认为中国对外经济活动是典型的"新重商主义"，中国对外资源开发是一种"新殖民主义"的掠夺，导致外界对中国的误解和对中国国家形象的贬损，这是中国外交必须认真对待的新问题。中国对外的交往和援助以实际行动证明了中国是可信赖的负责任的大国。一方面，中国应当通过文化交流向世界人民传达中国人崇尚"和为贵"、讲求"礼尚往来""乐善好施"，奉行"己所不欲、勿施于人"的文化传统和处事原则；另一方面，对外宣传还应特别突出中国当前发生的社会变迁和现代化进程所取得的辉煌成就，多谈谈国家的创新、不断涌现的新思想，以及应对诸多问题的新举措。中国吸引世界尤其是其他发展中国家的地方，不仅仅是古老文化和传统美学，而且更多地在于创新和发展能力。积极报道中国的发展变化、改革开放所取得的成就以及和平独立自主的对外政策，一定会增进世界人民对中国的深入了解。①

多边国际制度的建设，建立新型大国关系。由此可见，"负责任大国"身份内涵丰富，涵盖了"地区责任""全球责任""国际组织成员国责任""发展中国家责任"等等。因此，中国的个体身份——"负责任大国"是一个最宽泛意义上的身份，也是各种国家利益交织的身份，甚至包含着其他身份和其他身份后的国家利益。

二、中国积极发展双边关系

中国对外的双边关系是要维护国家利益、维护祖国统一和领土主权完整，反对分裂，是中国建立双边关系的基本前提。中国对外的双边关系的定位并不是千篇一律的，比如有：中俄的战略协作伙伴关系、中日睦邻友好关系、中德具有全球责任的伙伴关系、中法、中英全面战略伙伴关系、中朝友好合作关系、中伊（朗）友好合作关系、中韩全面合作伙伴关系。中国与他国的双边关系定位并不是固定不变。首先，可能随着时间的变迁有所改变，其次，可能因某类事件的发生而改变双边关系的定位，从本文的中德关系也可以看出中国角色身份的定位和双边关系的变迁。中德关系在不同时期经历了跌宕起伏。

2007 年 9 月下旬，德国总理默克尔不顾中国抗议，执意会见达赖喇嘛。默克尔接见达赖喇嘛的当天，中国就宣布取消预定在慕尼黑举行的已经进行了多年的"法制国家对话"，紧接着中国外长取消了在出席联大期间与德国外长进行工作早餐的安排，中方还取消了中德政府间的司法磋商。中德关系出现一些困难，是由于德方领导人违背了中德双边关系的基本原则。求同存异，谋求共同利益，构建和谐的大国关系是中国双边关系的目标。历史已经证明，中德两国，和则两利，斗则俱伤；是基于双方各自发展的需要，中德两国为了自身利益，需要发展中德关系；是基于对时代潮流的顺应。因此，

---

① 罗建波：《中国国家形象战略的基本框架与实现途径》，《理论视野》2007 年第 8 期，27 - 29 页。

本文认为中国处理双边关系时在坚持原则的基础上谋求共赢。

三、中国的基本国情——社会主义国家和发展中国家

中国正处于并将长期处于社会主义初级阶段，有两层含义：第一，我国已经是社会主义。我们必须坚持而不能离开社会主义，我国今后的发展，不能偏离社会主义的大方向，要坚定不移地走社会主义道路。第二，我国的社会主义社会还处在初级阶段。我们要一切从实际出发，如果超越这个阶段就脱离了我国的最基本的国情。中国的国情是，虽然经济总量在世界上排列第二位，但中国地大人口多，人均 GDP 仍然在世界上排在靠近靠后的位置，中国只不过是一个发展中的社会主义大国，依然属于发展中国家。为了实现"中国梦"，我们仍然要韬光养晦，扎实搞好经济，一百年不动摇。

四、中国积极参与地区性事务和国际组织

国际组织和国际条约参加国以及地区性大国，其国家利益包括保持地区稳定，促进地区经济发展，积极参与地区合作，推进地区一体化，充分发挥国际组织参加者的作用；在亚洲地区，中国政府强调"中国的发展离不开亚洲，亚洲的繁荣也需要中国"。首先，保持地区稳定，促进地区经济发展。中国的发展是亚洲崛起的组成部分，中国追求与亚洲共同发展的大目标。中国虽然地处于亚洲，但是"亚洲国家"身份得到认同经历了一个长期而曲折的过程。直到 20 世纪 80 年代，以邓小平为核心的党的第二代中央领导集体重新评估国际形势，强调中国需要良好的周边环境，于是才开始与周边国家建立外交关系，为 20 世纪 90 年代的亚洲意识苏醒奠定了基础。经过二十多年的改革开放，在地区化和全球化的国际关系环境下，亚洲意识增强，改变了原来的淡然态度，积极参与亚洲的多变机制，中国的"亚洲国家身份"得到真正激发和回归。[①] 亚洲国家中除了中国以外，日本、印度被认为是综合实力最强的国家。同印度和日本相比，在过去二十几年里，中国经济年均增

---

① 参见肖欢荣：《中国的大国责任和地区主义战略》，《当代世界政治与经济》，2003，第 1 期。

长 8%，全球第一，"中国已经成为亚洲经济增长的引擎。"作为亚洲唯一的联合国安理会常任理事国，中国在亚洲的影响力不容忽视，对亚洲未来的政治经济和安全格局有着至关重要的作用。因此，不论从硬实力还是软实力上说，中国都是一个地区性大国。中国自从 1971 年恢复联合国席位以来，到目前为止已参加了包括 WTO 在内的几乎所有的重要国际机制，加入了包括《联合国人权公约》《京都议定书》在内的绝大多数国际条约；中国还是亚太经合组织、东盟地区论坛、东盟 "10＋3" 和上海合作组织的重要成员；中国已经是世界贸易组织、国际货币基金组织、世界银行和亚洲开发银行等更多机构的成员，并且在这些机构中的作用和影响力与日俱增。① "建构主义将国际组织视为价值和规范的载体。"② 中国加入国际组织（国际条约），意味着接受国际组织（国际条约）一套价值规范的约束。中国在处理对外事件，制定对外政策时，应该分清中国在事件中具备的所有国家身份和身份认同，以及国家身份背后的国家利益，国家利益可以根据其重要性和紧迫性进行排序，然后再根据国家利益的排序得出国家身份的排序。对于外界某些指责，中国从它们的结论分析它们的身份选择，并向它们表明中国制定对外政策的身份选择，将两者进行对比，找出分歧，化解误会或误解。

　　和平与和谐是中国目前一直宣示的价值观，中国希望以此来消除别的国家对中国迅速崛起的担忧。和平崛起和发展，不称霸，不结盟的原则，平等对待，且坚守外交为内政服务的原则，中国的对内政策目标，简单地说即为发展、稳定、统一。我国的国际战略目标则是和平发展，建立和谐世界。中国的发展不以损害他国利益为代价；中国没有扩张领土空间、瓜分势力范围的企图；中华文化传统的核心价值是追求和谐与中庸，没有对外侵略的内在冲动，这些都是我国政府向国际社会传达的价值底线。比如台湾问题，就树立起坚持国家统一、领土完整的坚定形象；"和谐世界"树立了自信、从容、负责任的大国形象，和平崛起是中国人民对世界做出的民族宣言。要争取国际社会对中国崛起的理解和认同，就要在世界面前重新建立起具有时代感的

---

① 蔚彬：《转型期中国国家身份认同的困境》，《现代国际关系》2007 年第 7 期。

② 张贵洪：《国际组织和国际关系》，浙江大学出版社 2004 年版，第 9 页。

中国价值体系和文化传统。

五、和平发展

拿破仑曾预言："中国是一个雄狮，如果有朝一日它苏醒了，它会震撼这个世界。"中国正在崛起是有目共睹的，崛起过程中，中国国力必将增强，身份也必将改变。西方国家看到中国崛起的角度是利益争夺，他们认为中国经济上的强大可能谋求政治和军事的强权，挑战其霸主地位，甚至侵略他国。实际上，中国的外交中已经明确说明了中国将实现和平的崛起，不会挑战任何其他国家；再后来在考虑到"崛起"一词的特殊涵义，中国改用了和平发展。在现实中，中国已经有学者提出了，西方国家看待中国崛起的同时，更应该看到中国是儒教文明的国家，长期奉行中庸之道的文化，发动战争，进行侵略完全背离了中国的文化观念。从文化的角度看待中国崛起，又是建构主义的一种分析方法。

建构主义认为，并不是行为体行为决定结构，而是结构决定行为体行为。假设国际社会分为中国和其他所有西方国家两个国际政治行为体，那么国际社会的状态是冲突还是合作则取决于与这两个行为体各自的行为。中国的崛起可以理解为一种行为，对中国来说，其行为不具备针对性，也就不具备对抗性。

建立在纯粹经验主义基础上的伦理型中国文化，讲究人之常情和人伦道德，强调适度和非极端，因而避免了政府主导下的宗教狂热的出现。这种特点深刻影响了中国自古以来对外交往的准则和模式，其核心是以人际关系中普遍适用的道德标准和以理服人的方式处理国与国之间的关系。自现代民族国家体系形成以来，中国极少轻易对外用兵，也鲜有以武力扩张建立海外殖民地的行为，更多的是遵循互利互惠、互谅互让的理念处理与别国的关系。中国疆域的扩大和朝贡体制的建立也主要是以外邦对中国文化的认同和采纳为基础的。正是从几千年的中国历史中，罗素"羞愧地看到，在用理解对待白人的蛮横无理，他们并没有自我贬低到去用粗鲁回敬粗鲁"。而这种"不忮""不宰"也正是中国近代以来积贫积弱的原因之一。

"文明""和平"等核心概念令笔者联想到中国的和平崛起理论，即中国不同其他国家结盟，不争霸、不称霸，努力用和平手段实现世界和平和国家的复兴。德国文明力量的"文明"是否等同于中华文明古国的"文明"，和平手段是否意味着放弃武装力量和武装行动？诚然，统一后的德国外交与同一时期的中国外交分别植根于完全不同的外交框架与条件下，从这个角度而言，二者都看重和平手段、强调国际关系民主化。除了外部条件迥异之外，价值观内核或者意识形态内核的差异，也决定了二者表面上的相似但存在内在的本质区别。21 世纪的中国，已经在寻找更加宽广的平台，承担更大的责任。鉴于中国强劲的表现，许多媒体甚至将新世纪称为"中国的世纪"，中国崛起似乎指日可待。

2003 年 11 月 3 日，中央党校原常务副校长郑必坚在博鳌论坛上发表了题为《中国和平崛起新道路和亚洲的未来》的讲演，首次提出了"和平崛起"这一论题。2003 年 12 月 10 日，温家宝总理在哈佛大学的演讲中首次采纳了"和平崛起"的提法。2003 年 12 月 26 日，在纪念毛泽东诞辰 110 周年座谈会上，胡锦涛再次强调，要坚持和平崛起发展道路和独立自主的和平外交政策。但是，也就是中国提出"和平崛起"不久，世界上有的国家就又沉渣泛起或者炮制出新的诸如"中国崩溃论""中国威胁论"等诋毁中国的言论。更有意味的是，近几年中国"和平崛起"也演变成了"和平发展"，再到最近的"和谐发展""和谐世界"，强调"和而不同"。国家发展战略口号的几次演变，深刻体现出对于战略定位的精准修正，也体现决策者对于国家形象的众口难调和为了国家形象在世界上能被更广泛接受的良苦用心。①

有关第三方的调查也能从一定程度上佐证中国国家形象改善的客观现实。从 2004 年到 2005 年 5 月底，"大众与媒介皮尤研究中心"在亚洲、欧洲和美洲的 16 个国家进行了抽样调查，结果显示：在英国，65% 的民众对于中国感到很亲切友善；在法国，58% 的人喜欢中国。美国马里兰大学的国际舆论调查也显示，多数国家"相对于美国来讲更加喜欢中国"。而 2006 年 3 月 7 日，BBC 国

---

① 张昆，刘旭彬：《中国国家形象传播的思考》，《理论与实践》理论月刊 2008 年第 9 期，95 – 99 页。

家广播电台公布了一项在全球 22 个国家进行的调查，结果显示认为中国对世界影响积极和正面的国家和人数均超过了对于美国和俄罗斯的同类调查。

六、中国的和平崛起

和平崛起是中国人民对世界做出的民族宣言。要争取国际社会对中国崛起的理解和认同，就要在世界面前重新建立起具有时代感的中国价值体系和文化传统。文化吸引力与国家文化形象是意识形态领域的问题，但却不能直接使用简单的意识形态手段加以宣传，2008 年中国北京承办第 29 届奥林匹克夏季运动会，搭建了一座向世界展示中国人民精神风貌和中国首都建设成就的大平台，有利于提升中国的国家形象。美国前国防部副部长、现任哈佛大学肯尼迪行政学院院长约瑟夫·奈教授提出的软实力概念："使他人想你之所想，欲你之所欲"。行使软实力，关键就是吸引力。而软实力的来源，则是政治制度、价值观念、文化、政策。中德两国对自由、民主、政治制度、宗教信仰、价值观念和生活方式等最基本的文化概念，有不同的理解。

讨论中国崛起问题，首先离不开的是对中国崛起概念的界定。中国崛起既有动态的过程性，一个中国正在发展的过程，也有静态的目标性，即未来中国的发展目标。中国崛起对绝大多数人而言，尤其是在领导人中，首先意味着是从"一个不那么富强的国家发展成为一个繁荣富强的现代化国家"。这也就是说中国崛起是内向的或者内省的，关注是自身的发展与进步。其次，中国崛起，也意味着"成为在世界上具有影响的并至少能够主导一个地区的大国"，即中国崛起是一个重塑中国在国际体系中的地位与作用的过程。由此观之，"崛起"本身是一个相对的概念，是在这样一个"以历史和美国分别作为纵向与横向的参照系"中形成的概念。中国崛起概念中所具有的这种对比性，与中国自 19 世纪以来的历史经验是分不开的，与中国长期具有的"受害者心态"也是分不开的。这个概念的历史性非常强，我们可以说旧中国被列强欺凌的惨痛经历和新中国在冷战中的沉浮，尤其是近百年中国与一系列的强国——美国、苏联、日本、英国等行为体之间的互动，建构了中国人心目中的国际社会。

温特曾说过："正是通过彼此间的相互影响，我们才创造并展示了相当持久的社会结构，并根据这种社会结构来确定自己的认同与利益。"如果将温特的逻辑应用到对我国的分析上，中国与外部世界交往的不愉快经历，建构了中国人心目中的国际社会的"霍布斯文化"的无政府状态逻辑（突出表现为一种冷战思维、对抗思维的惯性）。这种逻辑又对中国未来应该具有什么样的身份、这种身份下中国的国家利益该如何起作用。中国崛起必须要考虑其他国际行为体的利益和观念，考虑国际体系和国际体系背后的规则、制度对中国崛起的承受能力，也就是说中国崛起与外部世界的联系是自然的、内生性的，不仅仅是基于一种安全或者单纯的对外国资本与商品的经济需求，而是一种与外部世界、外部制度的相互构建的过程。另外，中国的周边安全环境由于地缘政治的因素，一向被认为是"强邻环伺"，十分险恶。中国确实难以避免地与很多大国、很多有核国家、核门槛国家共存于东亚。而且中国与周边的大国都不同程度存在历史上的冲突经历。这些观念和知识聚集在一起，对中国国家利益的形成构成一种影响，即认为由于中国被有可能遏制中国的力量所包围，所以中国需要足够的反遏制力量来保证周边的和平安定，有时甚至需要大规模地介入一些与周边国家的摩擦或者介入周边国家的内部事务。国际体系结构是一种物质因素与观念因素共同作用的场所，周边国家可观的硬实力和被过度高估的对中国崛起的反对，这两种因素互相作用共同建构了"强邻环伺，危机四伏"的中国周边安全体系。建构这种体系的观念、物质力量以及体系本身，会共同塑造中国"一个陷入周边不稳定因素包围的崛起中的大国"的这样一种国家身份，这种国家身份同以美国为主导的国际体系的认识，共同定义出我国在周边地区的国家安全利益。对于中国崛起这样一个具有深刻内向性却难以避免与外部世界联系的目标而言，主动参与建立安全共同体是一种明智而富于建设性的举措。

在中国国内，存在历史上的中央大国心态、近代史形成的"受害者心态"、对外部世界与国际机制的高度不信任等观念；在国外，认为中国崛起对现存国际体系是一种威胁，认为中国的实力本身就是威胁等观念也仍然有一定影响力。

　　建构主义认为，国际社会的社会观念建构赋予物质力量分配以特定意义。观念、认同、身份决定一个国家的身份与利益，影响一个国家的行为和战略思维方式，对于中国崛起的过程，我们一方面要在中国崛起的过程中，通过自身的行动，逐步改变中国崛起可能带来的外界对中国的误解；另一方面，国际社会要理解中国，要多接触中国，多到中国来走走，来看看，而少些对中国指责，少些对中国指手画脚。中国做的事情，是史无前例的，是"摸着石头过河"、继续不断地改革开放，是愿意与世界上任何不与我为敌的国家和人士交朋友、友好相处的。中国崛起或者说中国复兴是一个过程，更是一个目标。这个过程是一个不断地与外部世界互相建构，形成新的身份、利益认同的过程。为了最大限度地减少中国崛起将要面对的困难，一方面我们要主动参与建构中国崛起的外部环境，我们应该对头脑中的中国崛起概念有所扬弃；另一方面，中国大力倡导"和平、合作、发展、和谐"的国际精神要成为共识，在反恐、军控、防核扩散、维和、经贸、发展、人权、司法和环境等方面积极参与国际合作，这些都是中国主动融入国际社会的具体举措；再者，国际社会不要总戴着有色眼镜看中国，不要总拿中国说事。

　　2008 年，有人将北京奥运文化传播对国家形象的塑造定位于"和平崛起的中国"。北京奥运会提出"同一个世界、同一个梦想"的主题口号，就比较有利于树立世界认同的以人为本的和谐中国的国家形象。北京奥运会的文化传播还表现了人与自然和谐的形象。中国文化崇尚"天人合一"，被称为东方生态智慧。儒家、道家都主张保护人生存的自然环境，北宋理学家张载将儒家的仁爱思想、道家的自然观点和佛教的众生平等观念融为一体，提出"民吾同胞，物吾与也。"后人概括为"民胞物与"，意为世人都是我的同胞，万物都是我的同类。由此表达了关爱一切生命，善待自然的生态思想。北京奥运会的文化传播良好地表现了中国文化与自然和谐与共的特点。总之，北京奥运会的文化传播抓住"以人为本"这一根本，注意传统与现代的融合、个人与整体的融合、民族文化与奥林匹克精神的融合，表现人与自然的和谐、人与人的和谐、人的生命和谐，就能为树立和谐中国的国家形象做出贡献。

第二节　中国对外理论的新发展

如果我们把视野拓宽到近六十多年，会发现这些年来，中国外交政策的官方表述一直是："奉行独立自主的和平外交政策"。不过，在不变的表述之下，前后三十年中国外交是有较大变化的。这种变化，用改革开放总设计师邓小平的话来说，中国对时代主题的判断，改革开放前是"战争与革命"；改革开放后是"和平与发展"，把经济外交纳入外交视野了。

中国于 1954 年首倡的"和平共处五项原则"，也一直为中国外交的基本原则，不过前后侧重点有变化。前 30 年侧重点是不同基本制度之间的"和平共处"，这从把"和平共处"的字眼直接放在名称当中可以看出来，出发点是让当时忧心中国"输出革命"的周边国家安心。后 30 年侧重点在"互不干涉内政"，恢复了"主权"话语，强调"主权至上""主权高于人权"等，着眼点是驳斥和反击外国以人权民主等议题向中国政府施压。同样的表述之下，关切完全变了。

2010 年 12 月 7 日，外交部网站刊发戴秉国长文《坚持走和平发展道路》，戴再次阐述中国的三大"核心利益"，说"一是中国的国体、政体和政治稳定，即共产党的领导、社会主义制度、中国特色社会主义道路；二是中国的主权安全、领土完整、国家统一；三是中国经济社会可持续发展的基本保障"。

2011 年 5 月 18 日，时任中国人民解放军总参谋长陈炳德在美国国防大学讲演，题为《认真落实中美两国元首重要共识推动两国军事关系新发展》，说："中国的核心利益：一是中国的国体、政体和社会大局稳定；二是中国的主权安全、领土完整和国家统一；三是中国经济社会可持续发展的基本保障。"

这三大核心利益还被写入了 2011 年 9 月国新办发表的《中国的和平发展》白皮书。"核心利益"这个词本身即是中国政府的独特表述，这是中国政府对国家利益的界定，可以理解为中国外交的一个总体性纲领。以前是只说不做，现在自信增强了，又说又做。从这个意义上来说，这其实是中国外交的不变量。力的大小变了，但方向并没有变。

中国政府界定的国家利益是什么？在2009年首轮中美战略与经济对话期间，中国代表团团长、国务委员戴秉国对美国人说："确保中美关系长期健康稳定地向前发展，很重要一条是相互理解、尊重支持对方维护自己的核心利益。"戴秉国说"中国的核心利益，第一是维护基本制度和国家安全，第二是国家主权和领土完整，第三是经济社会的持续稳定发展"，这是中国官方首次公开阐释自己的核心利益。

据此，我们可以把中国外交分成三个层次：外层为经济外交；中层为与主权相关的政治外交；内层为与基本制度相关的政治外交。下面分别看一下新世纪中国的这三大外交。

一、经济外交

在前30年，中国对内以"阶级斗争为纲"，对外奉行"国家要独立、民族要解放、人民要革命"的主张。且在计划经济下，经济运行近乎封闭。这一时期中国的外交以政治外交、革命外交为特征，经济外交近乎缺位。当中国转向市场经济，日益融入世界市场体系，经济外交也就归位了，且地位日隆。

这种转变反映了外交的一个基本定律：外交是内政的自然延伸，一个国家的外交目标能从内政中找到对应。

要谈中国新世纪的经济外交，绕不开2001年中国加入WTO。中国实质上是以"非市场经济地位"成为WTO成员国的。在中国加入WTO议定书中，有一条限制性条款，在针对中国出口商品的反倾销调查中，中国实质上面临的待遇是"非市场经济地位"。如果被调查的出口国为"非市场经济地位"，将引用与出口国经济发展水平相当的市场经济国家的成本数据来确定倾销幅度，而不使用出口国的原始数据。这一规定意味着，在WTO贸易规则框架内，中国相对于市场经济地位的国家，更容易遭受反倾销调查，因为调查国选择替代国的自由裁量空间太大了。

中国在加入 WTO 后频频遭受反倾销调查。根据 WTO 的《Globe Trade Alert Study》，2009 年全球共发生一百三十多起贸易制裁案，多达 55 起反倾销诉讼针对中国，中国企业成为最大的受害者。

为此，中国经济外交的一个基本点就是推进自由贸易。一是与相关国家进行双边外交谈判，促使对方承认中国"市场经济地位"。截至 2011 年底中国加入 WTO 十周年之际，共有 81 国承认中国的"市场经济地位"，包括新西兰、新加坡和瑞士等发达国家，但不包括中国的主要贸易伙伴美国、欧盟和日本。在 2010 年 5 月第二轮中美战略与经济对话中，美国承诺将"通过中美商贸联委会，以一种合作的方式迅速承认中国市场经济地位"。不过，根据 WTO 规则，中国加入 WTO 的 15 年后，将自动获得"市场经济地位"。

二是建自由贸易区。中国—东盟自由贸易区已于 2010 年 1 月 1 日正式启动。2004 年中国提议中日韩三国研究"建立东北亚自由贸易区的问题"。

2013 年 7 月 6 日，中国与瑞士签署了自由贸易协定，瑞方将对中方99.7% 的出口立即实施零关税，中方将对瑞方 84.2% 的出口最终实施零关税，这是中国与西欧国家签署的首个自由贸易协定。

中国的经济外交，除了体现世界性的价值与原则，例如经济自由与自由贸易外，还有鲜明的发展主义导向。有一种说法，认为中国经济就像骑自行车，速度不能太慢，GDP 增长率不能低于8%（或者只能比 8% 稍低），否则车子就会倒下来，就会有就业及社会问题。据此，政府是发展主义导向的。对内有产业政策，对外保出口，时不时要推经济一把。对内搞国企，对外助国企走出去。

发展主义认为：政府应主导经济增长，经济增长为权力及基本制度提供合法性。这一信条可由内政延伸到外交，即受发展主义驱动的经济外交（保出口、助国企走出去等）是经济增长的一个环节，也是为了给基本制度提供外源合法性。这反映了外交的又一基本定律：制度约束决定政策行为，既决定内政，也决定外交。

中国企业大步走出去，胃口越来越大，如 2010 年中国民企吉利完成了对

VOLVO 的并购。但走出去的主体仍是国企尤其是央企，经济外交为之开路，有政府背书，这与 2005 年以来国内尤其规模以上企业"国进民退"的趋势相一致，均是发展主义逻辑的体现。

以中国在非洲的存在为例，其基本特征是经济外交为国企走出去服务。中国对非洲国家，通常既投资改善基础设施，也投资开采能源资源，以基建换矿权。如 2009 年，中国有意向在五年内给几内亚投资 70 亿到 90 亿美元，用于修建道路、桥梁、国家电网系统和灌溉系统等，以换取采矿权。几内亚有全世界超过一半的铝矾土矿藏，还储藏有 40 亿吨高品位铁矿石。在几内亚，不难发现中国铝业和中国电力投资集团等央企的踪影。国企对外投资算经济账，而不是像以前修坦赞铁路那样只考虑政治因素，是很大的进步。

二、与领土主权相关的政治外交

与领土疆界相关的一个基本事实是：欧美发达国家面临的领土或边界争议极少，几乎没有；发展中国家则面临着大量的领土及边界争议，甚至走向局部冲突，这里面包含着深刻的道理。凡民族国家建设，必然包含着两个过程：一是对与周边国家的疆界进行清晰的划定；二是确立其基本制度。欧洲的这两个过程都已完成。现在，欧盟国家内领土已不是问题，领土疆界议题已驱动不起民族主义。

中国民族国家仍在建设中。与中国陆地接壤的国家有 14 个，其中 12 国与中国已签订了边界条约。第一轮是 20 世纪六十年代，中国与蒙古、巴基斯坦、阿富汗、尼泊尔、缅甸和朝鲜 6 国签订了边界条约。第二轮是 20 世纪 90 年代，中国与俄罗斯、哈萨克斯坦、吉尔吉斯斯坦、塔吉克斯坦和老挝 5 国签订了边界条约，与越南签订了陆地边界条约。

中国的民族主义，20 世纪 80 年代初现端倪，20 世纪 90 年代冒尖而成为显著的思潮与浪潮。2005 年，起于反对日本成为联合国常任理事国，北上广二十多个城市均出现了大规模反日游行。近年来，基本上每隔一两年，中日都会因钓鱼岛而起外交纷争，民间反日情绪也随之高涨。

中国可催生民族主义的方面较多。在陆地上，中国与印度，与受印度控制的不丹尚无边界条约。在海域上，中国与韩国有黄海划界争议，与日本有钓鱼岛和东海划界争议，与越南、菲律宾、印尼、马来西亚和文莱有南海诸岛和南海划界争议。此外，还有台湾问题、西藏问题和新疆问题。

只要把握好度，民族主义是可以加分的。一个领土疆界问题，如果在现任政府手里通过外交或军事手段得到有利于本国的安排，那就可以增进政府的威望与合法性。如果在现任政府手里没法解决，政府也可以有不妥协的捍卫姿态，那也可以强化政府的合法性。也就是说，启动领土疆界问题及其政治外交，只要掌握好度，无论解决与否，都能增进合法性。

民族主义是政治动员的常用手段，不仅用于在领土疆界问题上强化底线，以推动其解决；还可以用于维护基本制度，给基本制度提供外源合法性。

与领土主权相关的政治外交，在新世纪有一些进展。2005年，中国与印度签署《解决边界问题的政治指导原则协定》，称"边界应沿着双方同意的标识清晰和易于辨认的天然地理特征划定"。2013年，李克强访印度，双方同意"在找到双方都能接受的解决方案之前，维护边境地区的和平与安宁"。

另外，中俄于2008年就黑瞎子岛达成协议，提升了政府领土主权维护者的形象。

（一）与领海相关的政治外交

随着中国国力的提升，2010年3月，中国向美国表示"南海是中国的核心利益"。在渔权与主权争夺上，2009年12月和2010年3月，在西沙附近海域，中国海军分别查扣了3艘与1艘越南渔船。2010年6月底至7月初，在北部湾海域，中国渔政、海警查扣5艘越南渔船。2012年3月，中方查扣进入西沙群岛内水的2艘越南渔船。

对日外交也日益强硬。2010年9月7日，在钓鱼岛海域，日本海上保安厅巡逻船撞击并扣押1艘中国渔船，引发国内强烈的民族主义情绪。从当年10月开始，中国渔政船在钓鱼岛海域多次巡逻，这是前所未有的举动。2012年9月，日本民主党政府决定将钓鱼岛国有化，此举引发了中国领导层的强烈反应。当月，在中国多个城市发生反日游行。

这些行为树立了中国政府捍卫主权的形象，但也有一些反弹，即在周边国家产生了又一波（因中国民族主义而起的）"中国威胁论"。

三、与基本制度相关的政治外交

中国人的智慧是有些事情只说不做，有些事情只做不说。与基本制度相关的政治外交是高级政治，紧锣密鼓，但很低调。主要有三类，一是人权民主等政治议题；二是起于政治上的分治或分裂主义，与领土主权相关，但显然比一般的领土争议利害更大，与基本制度结合在一起，因而由一般的政治问题升格为基本政治问题；三是如人民币汇率的升值等问题，虽属经济问题，但被判定为对基本制度有重大影响的问题，因而由经济问题升格为基本政治问题。

在这三类问题上，中国政府娴熟地运用"以经促政"的原则。本国与外国的经济外交是以政治或经济上的适当运筹来换取本国在外国的经济机会、额外经济利益等，如互相向对方开放市场。"以经促政"是政治外交，恰好反过来，为了换取外国对本国政治目标或政治行为的承认与支持，本国向外国开放一定的经济机会、赋予额外的经济利益，如单方面向外国开放一些市场领域，政府去该国采购，给该国提供贷款或购买该国债券和减免该国债务等。简单说，经济外交是以经济换经济或以政治换经济，"以经促政"是以经济换政治。

新世纪以来，随着中国经济实力的提升，"以经促政"适用的范围扩大。以前，为了换取一些小国"支持中国在台湾问题的原则立场"等政治目标，中国常常提供各种经济援助或减免贷款，实力所限，威力只能及于一些发展中国家。近年来，尤其是 2008 年金融危机之后，中国坐拥巨额外汇储备，经济看起来一枝独秀，即使欧美发达国家亦有求于中国。

为了减轻美国国内要求解决中美贸易逆差及让人民币升值的压力，中国常在战略对话前夕或领导人访问期间，对美国进行大单采购。2006 至 2009 年期间，商务部每年去美国采购一次，采购金额分别为 162 亿、326 亿、136 亿和 163 亿美元。

2009 年，中国赴德国、瑞士、西班牙和英国四国，采购金额为 130 亿美元。2010 年 10 月和 2011 年 1 月，中国分别承诺向希腊与西班牙购买债券。

（一）和谐外交理念

中国是一个具有五千年文明史的国家，中国特色外交理论也必然继承着中国传统文化的精华和优秀成分。马克思主义是中国特色外交理论的第一个重要来源，决定了中国外交理论的世界观、认识论和方法论。在中国外交实践中，中华文化的理念和规范越来越影响着我国外交思想以及行为，吸收传统文化的精华，是中国外交理论的重要轨迹。中国传统文化中，首先，"和合"是真正具有中国内涵的概念，是根本不同于西方世界观的伟大思想，这是构建中国特色外交理论的一个关键问题。其次是中国的辩证法。西方注重实体的思维是分离式思维，而中国传统的辩证思维则是互容式思维。如果将"和合"理念与中国式辩证法结合起来，就成为中国文化精神的"和谐化辩证法"，这是中国参与和解决地区和国际问题的一把金钥匙。

中国的外交政策明确表示中国走和平发展的道路，不称霸，不挑战其他国家。发动战争、进行侵略既违背了中国外交政策的路线，也完全背离了中国传统的儒教文明"和为贵"的观念。

中国人希望人与人之间和睦相处，国与国之间和谐共存。用北京大学教授费孝通的四句话来概括中国人的思维方式是："各美其美，美人之美，美美与共，天下大同"。中国人认为，变化是常态，不变是相对的，中国实行改革开放以来所出现的翻天覆地的变化就是证明。在国际关系领域发生的变化也是如此。西方工业发达国家经济衰退，危机过后复苏缓慢，而新兴发展中国家的经济形势看好，"金砖国家"，特别是中国经济的快速发展，已成为引领世界经济前进的希望。中国和平发展的事实表明，任何国家都可以走和平发展的道路，使自己变得富强起来，而并非一定要按照所谓现实主义理论用武力或战争对外掠夺方式来发展的。在当今经济全球化的新时代，尽管各国的意识形态和价值观不同，都应该抛弃相互之间的偏见，相互宽容和包容，相互学习，相互认同，互通有无，这样才能建立一个和谐世界。

（二）和平外交理念

中华民族是一个热爱和平的民族，中华文化是和平主义、理想主义和道德主义的文化，它崇尚"王道"而非"霸道"，主张"和而不同"与多元共存，强调"己所不欲、勿施于人"。新中国成立后也一直把维护世界和平作为开展对外关系的基本目标和准则，积极致力于实现国际关系的民主化和多元化。历史将会证明，中国的发展不会对任何人构成威胁，不会挑战任何国家，而只会有利于世界和平力量的积累与增长。在战略取向上，中国应当继续坚持韬光养晦有所作为的战略方针。韬光养晦不是即时性的权宜之计，而是谋求和平发展的长远性国际战略思维。

从国际政治伦理和外交哲学层面上看，韬光养晦是国家追求和保持谦虚自信、与人为善、和谐发展的高尚道德境界，体现了中华民族在思考民族复兴与世界共同发展方面的大智慧。当然，只是韬光养晦不能提高国家声望，还必须有所作为。在全球相互依赖的时代，国际或地区多边机制成为国家形象的重要展示平台，多边外交成为国家建构积极声誉和良好国家形象的有效途径。中国开始有意识地通过多边途径来推动和维护国际和平、安全与稳定。在国际层面，中国重视发挥联合国在处理国际安全事务中的核心作用，积极推动通过多边合作解决地区冲突。近年来，中国积极参与了联合国的多项维和行动。在地区层面上，中国积极实施睦邻、安邻政策，促进地区安全合作。中国积极推进地区安全对话与合作，在上海合作组织、东盟地区论坛、东盟与中日韩等地区合作机制中发挥了积极和建设性作用。

自从现代民族国家形成以来，中国历史上极少对外用兵扩张疆土的。中国强调以理服人、和睦共处来处理国与国之间关系。"有朋自远方来，不亦乐乎"。历史上，中国通过和亲，派遣使者，通商贸易来发展和建立与周边或远方邦候或国家的关系。汉朝张骞于公元前 138 年出使西域，以图与当时的大月氏结盟共同对付匈奴。唐朝贞观十五年（公元 641 年）文成公主入藏，远嫁给吐鲁番（今西藏自治区）赞普松赞干布，加强了藏族与汉族的亲密关系，松赞干布为中国这个统一的多民族国家的历史发展做出了杰出贡献。中国多以互利互惠、互谅互让的理念处理与别国的关系。中国疆域的扩大和朝贡体制的建立也主要是以外邦对中国文化的认同和采纳为基础的。正是从几千年的中国历史中，罗素"羞愧地看到，在用理解对待白人的蛮横无理，他们并没有自我贬低到去用粗鲁回敬粗鲁"。而这种"不恃""不宰"也正是中国近代以来积贫积弱的原因之一。①

（三）和平发展理念

中国的发展是通过和平方式而不是武力手段来实现的。中国和平发展道路从根本上赋予了中国国家形象所具有的特殊使命。一方面，它必须及时向世人展示中国改革开放所取得的成就以及未来中国发展的前景规划；另一方面，它又必须让世人信服中国将一如既往地致力于以和平方式来实现自身的发展。所以，当前中国国家形象战略的谋划，是一个以突出和平发展大国形象为中心而展开的全方位的系统工程。它必须向世界说明：日益发展的中国将是一个繁荣昌盛、文明进步的中国；日益发展的中国将始终与其他国家和平相处，共同维护世界的持久和平；日益发展的中国将秉持以合作求共赢的姿态，致力于全人类的共同繁荣；日益发展的中国将是一个信守承诺，讲求信誉的负责任大国，这就是中国和平发展所需国家形象的基本维度。

中国的和平发展道路也是中国和平崛起、实现中华民族伟大复兴的理论设想，和平崛起也好，伟大复兴也好，都是要实现中国现代化。中国和平发展道路和德国"文明力量"二者都反对战争，拥护和平，无论是双边关系中，还是在诸如气候、联合国维和行动等方面都具有很大的合作空间。和平与和谐是中国目前一直宣示的价值观，中国希望以此来消除别的国家对中国迅速崛起的担忧。文化是一个国家软实力的重要组成部分。中华文化的魅力不仅表现为久远的历史传承，更重要的是，它对于解决工业时代、后工业时代的诸多问题具有深刻的启示。以儒家先圣孔子为代表的中华文化，兼收并蓄、博采众长，是维系中华民族历史的精神血脉。

媒体需要全面阐明中国的政策目标和最高利益。我国的对内政策目标，简单地说即发展、稳定、统一。我国的国际战略目标则是和平发展，建立和

---

① 马凤书：《中美俄三角关系：一种超越建构主义的文化分析》，载于《当代世界社会主义问题》2006 年第 10 期，第 27 页。

谐世界。中国的发展不以损害他国利益为代价；中国没有扩张领土空间、瓜分势力范围的企图；中华文化传统的核心价值是追求和谐与中庸，没有对外侵略的内在冲动……这些都是我国政府，要向国际社会传达的价值底线。比如国内有关"台湾问题"的议题。我国媒体已经从古代历史地域、现代国际法、当今世界主流见解等多角度，晓之以理、动之以情地做了政策的全面阐释，在国外受众当中已经形成了主流的舆论；在国际战略目标上，我国媒体要通过种种渠道，向世界讲清楚中国"和谐世界"的发展理念。向他们讲清楚"礼之用，和为贵""君子和而不同"的道理，深刻阐述"和"不必一定要"同"，而"同"者也可能"不和"的哲学。用可靠的事实、数据等，说明中华文化对其他文化一直保持开放和包容的心态。欣喜的是，中国推进构建"和谐世界"的理念，已经在国际社会中取得了比较良好的理解与支持。包括德国《法兰克福汇报》、英国《经济学家》在内的西方主流媒体给予了积极评价，认为中国所主张的国际关系新理念有别于西方的价值观，对广大发展中国家更具吸引力；从长远来看，"和谐世界"这一主题的提出对中国"软"实力的提升将产生深远影响。美国《新闻周刊》还特别以孔子像作为封面，指明中国正在向世界推介"和合"思想……"，通过媒体将中国的核心国家利益公之于众，有利于让世界了解中国的政策底线，从而树立国家形象。

十六大以来，和平发展成为当前我国外交战略的根本任务。我国在国际信息传播中处于劣势，加之长久以来与西方国家在政治、文化、意识形态领域的分歧导致我国国家形象在西方国家的歪曲和误读。这种歪曲和误读势必影响中国在国际中的形象、地位和影响力，影响我国的改革和发展。因而，国家形象的塑造是我国必须高度重视的一个问题。"国家形象是一个国家在国际间的政治、经济、文化、科技、教育等诸多方面相互交往过程中，获得对方国及其社会公众的解读、认知与评价。"这一定义强调国家形象是一个信息传播过程，在传播过程中，本国自我认知与他国对该国的认知的博弈最终形成了一个国家的形象。

（四）和平崛起主张

文明力量理论与和平崛起理论都注重观念、身份、规范等因素，都属于建构主义范畴，并且都提出了国家角色的目标，这是二者的共性。文明力量理论与和平崛起理论的框架条件不同，德国从分裂到统一以及对战争的反思，决定了德国对国际关系民主化和对国际和平的追求和维护；中国社会主义建设以及"和为贵""和而不同"的传统思想，决定了中国奉行和平共处五项原则的外交政策，强调不同意识形态和社会制度的国家求同存异。文明力量理论与和平崛起理论的根本区别在于价值观、意识形态等观念性因素的区别。文明力量理论与和平崛起理论在价值观的核心要素上立场迥异。在人权问题上，"文明力量"强调个人权利，这是由西方社会的权利取向型结构所致。中国和其他东亚国家强调集体人权，这是由东方社会历史上的义务取向型结构所致。人权是人的权利，既包括个人权利，也包括集体权利，不宜厚此薄彼。和平，是国家形象的外交基础。中国奉行的独立自主和平外交政策符合时代发展的主流，这不仅有助于打消弱小国家疑虑，也有利于改善国际关系，增进世界和谐；正义，是大国形象的道德基础；负责，是世界对一个大国的期望、一个大国对世界的责任义务。中国作为发展中的世界大国，只有在国际事务中坚持原则、主持正义，勇于承担起与自身能力相适应的大国责任，旗帜鲜明地反对国际霸权主义和一切不公正的现象，才能赢得国际社会的尊敬；合作，是大国形象的重要内涵。中国的发展不能独善其身，而要与世界发展繁荣相互联系，要融入经济全球化和科技革命的时代大潮。人类共同问题的解决，需要中国和世界各国的共同参与。让世界更清晰地看到：中国是在不损害当前国际秩序的前提下发展起来的，中国不是要做世界秩序的颠覆者，而是要做世界秩序的建设者。中国走的是一条内涵式发展道路，中国的发展不是为挑战其他大国，而是中国人民对美好生活的共同诉求。[①]

（五）合作共赢的经济发展模式

自改革开放以来，中国一直把自己的身份明确定位为发展中国家。伴随着中国经济地位的提高和国际影响力的增强，中国身份中的"大国"属性日渐受到关注。中华文明在历史上具有的强大地位使得世人把中国的发展视作

---

① 刘伟胜：《文化霸权概论》，河北人民出版社2002年版，第63页。

是大国的复兴，结合中国的领土面积和人口数量（13.3亿，占世界人口的19.85%）、贸易（2013年仅对美贸易顺差达3000亿美元）、外汇储备（2013年底3万亿美元）、持有美国债券（2013年11月达到1.317万亿美元）等。①加之中国作为联合国安理会五个常任理事国之一，拥有核武器，是世界银行和国际货币基金组织的主要股东等身份，更多地令人感觉中国是一个大国，而不是发展中国家。即使将来中国变得强大了，也不称霸，也不会以大欺小，以强凌弱。但是中国绝不能乱，中国如果乱了，那对世界，对周边都是一场灾难。邓小平于1992年春在观看深圳特区总体规划模型时说，"如果中国动乱，那将是一个什么局面？一打内战就是血流成河，一打内战就是各霸一方，生产落后，交通中断，难民不是百万、千万而是成亿地往外面跑，首先受影响的是现在世界上最有希望的亚太地区。这就会是世界性的灾难。"

中国政府对周边邻国的政策是"搁置争议，共同开发"。但是，近些年来，菲律宾、越南、日本等不断向中国挑衅，制造事端。中国"周边外交工作座谈会"于2013年10月24、25日在北京举行，政治局常委悉数出席，这对一个地区会议来说是不同寻常的，"周边外交"的重要性更加突出。日本解禁"集体自卫权"，日本兵又要到日本国境外地区打仗了。日本和美国签订"日美安保条约"，美国在菲律宾增加驻军并加强与越南关系，美国已公开插手中国南海争端，并明里暗里支持菲越。南边的印度也趁机介入南海事务，与越南"联合开发南海油气资源"。西北部地区，东突势力利用当地宗教对中国进行骚扰。新疆地区的恐怖分子一直在搞破坏。达赖残余势力仍然在活动，西藏依然存在一些不稳定因素。尽管周边形势严峻，但谋事在我，仍有作为。要充分发挥和利用与东盟的友好合作关系，积极发挥上合组织的作用，提升"新丝绸之路"在中国周边外交中的作用和地位。在和平共处五项原则基础上，与周边国家求同存异，对与我不友好甚至敌视我国的国家进行有理有利的斗争，该出手就要出手，积极创造一个和平稳定的周边环境。

（六）坚持基本的政治制度

"中共中央将坚定不移坚持和完善中国共产党领导的多党合作和政治协

---

① 彭博新闻社网站2014-1-15。

商制度，坚定不移贯彻长期共存、互相监督、肝胆相照、荣辱与共的方针，加强同民主党派合作共事，支持民主党派更好履行参政议政、民主监督职能。"中国宪法第三条明文规定："中华人民共和国的国家机构实行民主集中制"。1945 年 4 月 24 日，毛泽东在中共七大上，把民主集中制中"民主"与"集中"的关系概括为"在民主基础上的集中，在集中指导下的民主"，亦称"无产阶级民主"。无产阶级的政治制度，是无产阶级和广大人民享有的民主。它是绝大多数人的民主，同资产阶级民主有本质的区别。毛泽东指出："我们的民主不是资本阶级的民主，而是人民民主，这就是无产阶级领导的、以工农联盟为基础的人民民主专政。"在社会主义制度下，人民是国家的主人，国家的一切权利属于人民。人民有权管理国家事务，监督国家机关及其工作人员，依法享有人身自由、言论、通信、出版、集会、结社、游行、示威、宗教信仰等自由，在法律面前一律平等。这些民主权利不仅在中国宪法上明确规定，而且国家还提供实现这些权利的政治上的保障和物质上的帮助，是人类历史上最新的最广泛和最高类型的民主。社会主义民主是在无产阶级领导人民群众推翻了剥削阶级的统治，建立了无产阶级专政后实现的。其经济基础是生产资料的社会主义公有制，以公有制为主体，多种经济成分并存。社会主义民主是对人民民主和对敌人专政的辩证统一，没有人民民主就不能有效地对敌人实行专政，而对敌人的专政又是人民民主的保障；在人民内部，是民主和集中的辩证统一，人民既要享受着广泛的民主和自由，同时又必须用社会主义的纪律约束自己，遵守社会主义法制。社会主义民主的建设必须同社会主义法制的建设紧密地结合起来，使社会主义民主制度化、法律化。社会主义的物质文明和精神文明建设，都要依靠发展社会主义民主来保证和支持。建设高度的社会主义民主，是社会主义革命和社会主义建设的根本目标和根本任务之一。在施政过程中，实行社会主义民主集中制，提案、立法等，由上而下，从中央到地方；由下而上，从基层到中央，反复多次，最后由全国人民代表大会审议讨论通过，成为正式法律。在人民代表大会与人民的关系上，中华人民共和国公民都有选举权和被选举权，人民代表大会代表由民主选举产生，对人民负责，接受人民监督。在人民代表大会的活动中，法律的制定和修改以及一些重大问题的决策，由人民代表充分讨论，实行少数服从多数原则，民主决定。对违反人民意志和利益的不称职的代表，人民有权依照法定程序予以罢免。国家权力机关，国家行政机关（政府）、司法机关（人民法院和检察院）都由人民代表大会产生，并对其负责，受其监督。人民代表大会统一行使国家权力，但它所决定的事情是由国家的行政机关和司法机关去贯彻执行。在中央的统一领导下，合理划分中央和地方国家机构的职权，充分发挥中央和地方的两个积极性。

胡锦涛同志曾在全国统战工作会议上指出："中国共产党领导的多党合作和政治协商制度，是中国共产党和各民主党派、无党派人士的共同选择，具有历史的必然性和巨大的优越性。""我们要立足国情，推进中国共产党领导的多党合作和政治协商的制度化、规范化、程序化。我们要借鉴人类政治文明的有益成果，但绝不照搬别国政治制度和政党制度的模式，绝不搞西方式的多党制和议会制。"在我国，共产党领导的多党合作和政治协商制度是中国共产党领导人民经过长期实践探索出来的，是马克思主义基本原理同中国政治发展实际相结合的产物，是中国共产党和中国人民政治经验和政治智慧的结晶。我国的多党合作制度对发扬社会主义民主，维护安定团结的政治局面，推动社会生产力的发展，确保最广大人民根本利益的最终实现，巩固中国共产党的领导地位和执政地位起到了非常重要的作用。20 世纪 80 年代末 90 年代初，苏联解体，东欧社会主义国家瓦解，纷纷实行西方的多党制，导致东欧政治秩序震荡，国家四分五裂。90 年代初，在以美国为首的西方国家的压力下，非洲许多国家不顾本国国情，盲目照搬西方的多党制，一些国家的政党少则几十，多则上百，结果造成政党斗争、民族分裂和种族仇杀，多党制给非洲带来的不是民主，而是灾难。2014 年 4 月 1 日习近平主席访问欧洲期间在比利时布鲁塞尔欧洲学院讲话说，中国是实行中国特色社会主义的国家。1911 年，孙中山先生领导的辛亥革命，推翻了统治中国几千年的君主专制制度。旧的制度推翻了，中国向何处去？中国人苦苦寻找适合中国国情的道路。君主立宪制、复辟帝制、议会制、多党制、总统制都想过了、试过了，结果都行不通。最后，中国选择了社会主义道路。在建设社会主义实践中，我们有成功也有失误，甚至发生过严重曲折。改革开放以后，在邓小平领导下，我们从中国国情和时代要求出发，探索和开拓国家发展道路，形成了中国特色社会主义，提出要建设社会主义市场经济、民主政治、先进文化、和谐社会、生态文明，维护社会公平正义，促进人的全面发展，坚持和平发展，全面建成小康社会，进而实现现代化，逐步实现全体人民共同富裕。独特的文化传统，独特的历史命运，独特的国情，注定了中国必然走适合自己特点的发展道路。我们走出了这样一条道路，并且取得了成功。

第三节　中国对外政策的传统文化底蕴

中国文化是一种内倾文化，内敛自修、遵从自然、重教化而轻处罚是其关于社会治理和实现大同的基本途径。儒家理论的基点是"性善论"，强调人性本善和后天教化。在此基础上，所有政治行为也被伦理化、道德化了。"以德治国"正是这种伦理政治的反映。道家强调"勿位自然""天人合一"，亦重在人的自制、内敛。佛教则通过种种戒律教导人们"诸恶莫作，众善奉行"。因此，"心性修养是儒家、佛家、道家三家成就理想人格的根本"。与此对应，除法家之外的各家学说都十分轻视处罚的作用，认为这是治身而非治心，治外而非治内，治标而非治本。

因为任何民族和国家对外部世界的认识和对策都不可避免地受其文化和利益的影响。对国际关系进行研究的同时，有必要借鉴个体理念主义的分析方法，更深入地探讨影响国家身份、利益和行为的国内文化因素。而且文化交流的形式可以打破传统的意识形态上的差异和束缚，回避中西方在政治经济上的矛盾和敏感问题。这不仅有利于改善中国和西方的国际关系，更有利于在西方媒体报道之外另辟途径更有效地让外国受众了解真实的中国。

历史上，中华文明曾对推动人类历史发展产生过重大和积极的影响，中国因此曾经有过令人瞩目的良好形象。但是中国人对自己国家的认知和外国人对它的看法之间存在着巨大的落差。

中国人的思维是"易者衡也",变化是常态,不变是相对的。尤其是改革开放以来,中国的变化成为人类历史上罕见的社会变革和转型。在国际关系领域也是如此。中国不希望以传统大国的方式扩张发展和暴力崛起,中国希望走一条新的自身发展和在世界上崛起的道路。

一、社会主义核心价值理念

社会核心价值观念是反映一种社会制度、一个时代本质的价值观,它是现实合理性和历史合理性的统一,是标志性与强辐射性的统一,也是体系性与论断性的统一。这三个统一,缺了其中之一就不完善。对社会核心价值观的认同是社会和谐最坚实的基础,是提升国家软实力的关键。社会核心价值观一旦被认同,就会成为一股强大的民族凝聚力,同时也有助于发挥核心价值观念对社会舆论和主流意识形态引导和导向作用。众所周知,随着中国改革开放的不断扩大和深入,以及社会主义市场经济体制的进一步发展,中国社会经济成分、组织形式、就业形势、利益关系和分配方式日益多样化,由此而引起的价值观念和价值取向多样化、多元化已是无可争辩的事实。构建中国特色社会主义核心价值观,应以公正、民主和人的自由全面发展为终极价值取向,需要把握和遵循民族性、时代性、崇高性、人民性的原则。符合全民族需要并可作为共同追求,具有广泛号召力的中国特色社会主义核心价值观应确定为富强、民主、科学、和谐、自由。当代中国社会主义核心价值观的建构是时代的要求,它的建构需要有理论依据和现实基础。从理论依据来看,确立当代中国社会主义核心价值观是可行的;从现实基础来看,中国已步入建构社会主义核心价值观的最佳时期,具备各种有利条件。建构当代中国社会主义核心价值观必须反映社会主义本质特征,必须立足当代中国社会主义初级阶段的价值现实,必须内含当代中国社会主义先进文化的基本精神。当代中国社会主义核心价值观的建构也需要一定历史和现实的资源。除了社会主义价值观自身的历史传统之外,资本主义价值观、中国传统价值观以及由社会主义市场经济建立而引发的价值观,也是当代中国社会主义核心价值观建构的前提,构成了当代中国社会主义核心价值观建构的三重维度。

社会主义核心价值观的构建是一个系统工程，需要综合运用政策调控、法治保障、舆论引导、思想教育和自身修养等多种方式和途径方能达到理想效果。

二、传统文化价值观

文化是民族的血脉，是人民的精神家园。所谓文化，就是人类主体通过社会实践活动，适应、利用、改造自然界客体而逐步实现自身价值观念的过程。价值观是文化中最深层的部分，它是人们关于什么是最好的行为的一套持久的信念，它是人们在社会化的过程中获得的，它支配着人们的信念、态度、看法和行动，又被称为"华夏价值观"。中国人的价值观就是以儒家思想为核心，融合了道教、佛教思想的儒释道一体的价值观，文化与价值观之间的关系密不可分。文化交流可以打破传统的意识形态上的差异和束缚，回避中西方在政治、经济上的矛盾和敏感问题；有利于在西方媒体报道之外另辟蹊径，更加有效地让外国受众了解真实的中国，这对于改变西方受众对中国的刻板印象具有不可低估的作用：中国不是作为"异域"的"他者"而受到排斥，而是在"认同的空间"内享受平等对话与交流。文化是一个国家的重要资源，在全球化时代，其作用和影响日益凸显。文化传播的作用之所以越来越重要，是因为文化信息背后隐含着意识形态和价值观，这是软实力的核心，在国际竞争中发挥着重要作用。文化最能从根本上区分不同的价值观差异。文化的吸引力源于文化的气质与形象。文化吸引力可以潜移默化地影响具有异质文化背景的国家和人民。中国在国外开办的众多孔子学院，就是传播中国文化包括中国价值观的一种软实力。孔子学院通过教外国人学习汉语，让外国人不仅学习到汉语，而且了解中国的历史以及中国的政治、经济、文化、社会、科学以及人文地理等，增加对中国的了解、认知和认同。国家形象体现国家价值观的内涵、维度和道德标准。这就要搞清楚什么是现时中国的核心价值观，或者说搞清楚现时中国文化的特征是什么。中国特色社会主义核心价值观概括为以人为本、公平正义、共同富裕、人民民主、文明先进、社会和谐。其中以人为本是指以最广大人民群众及其根本利益为本，是"人的自由全面发展"在社会主义初级阶段的中国表达；公平正义是社会主义的本质属性和首要价值，体现在经济、政治、文化、社会领域分别是共同富裕、人民民主、文明先进、社会和谐，社会和谐包括人与自然、人与社会以及人自身的和谐。

三、中国文化的特点

中国文化是一种包容性和宽容性极强的文化，主张各种文化"和而不同"，反对"文明冲突"。中国文化源远流长、博大精深，自东晋以后逐步形成了以儒、道、佛为支柱，墨、法、兵等多家学说兼而有之的传统框架。尽管鸦片战争以来中国文化经受了西方的强烈冲击，在富国强兵和建设现代化国家的口号下也经历了明显的自我改造，但其基本架构和核心内容却在某种程度上延续了下来。与西方国家追求单一文化信仰，强迫别国接受自身文化甚至为消灭异质文化不惜发动战争（如中世纪的"十字军东征"）的历史传统不同，中国对外来文化来者不拒，各种文化和宗教在中国都可以生存和发展，"万物并育而不相害，道并行而不相悖"。中国文化的传播也是借其人性化的道德观念和富有哲理的社会思想，不强人所难，也不以武力为后盾。与中国文化"己所不欲，勿施于人"的信条相反，西方文化强调"己所欲，施于人"。由此衍生出的行为也大相径庭，前者内敛，行动上多为后发制人；后者外张，行动上强调先发制人。

（一）中国文化是一种内倾文化

内敛自修、遵从自然、重教化而轻处罚是其关于社会治理和实现大同的基本途径。儒家理论的基点是"性善论"，强调人性本善和后天教化，也形成了中国在对外交往中含蓄、不外露和不逞强的行为方式。在此基础上，所有政治行为也被伦理化、道德化。"以德治国"正是这种伦理政治的反映。道家强调"勿位自然""天人合一"，亦重在人的自制、内敛。佛家则通过种种戒律教导人们"诸恶莫作，众善奉行"。因此，"心性修养是三家成就理想人格的根本"。与此相应，除法家之外的各家学说都十分轻视处罚的作用，认为这是治身而非治心，治外而非治内，治标而非治本的根本方法。在外交场合，中国非常注意倾听来自各方的声音，发表主张和采取行动时注意考虑各方的利益，从不强迫别国接受自己的意见。中国政府一直强调，在国际事务中国家不论大小、强弱一律平等。在发展同别国的友好关系时，中国主张从长远出发，致力于建立长期而巩固的战略合作关系，为此不惜牺牲某些眼前的利益。另外，在西方人眼里中国人总是讳莫如深、玄妙难懂。欧美国家习惯于直来直去、透明见底，对世界的看法往往非此即彼（美国尤其如此），而中国对问题的看法则要复杂得多、变通得多。这往往引起它们对中国的诸多猜疑和想象。西方国家一再出现的"中国威胁论""中国崩溃论""中国发展方向不明论"等等，总的来讲猜测、想象多于实证。正因为如此，这些国家一再要求中国提高政策的透明度和开放度。

（二）中国十分强调国际关系中的对话和合作，主张求同存异

这符合中国文化的包容性、宽容性与"和为贵""和而不同"的理念。"和为贵"和推己及人是中国文化关于社会关系和国际关系的基本要求。儒家以"合作"为人文精神的核心，强调"礼之用，和为贵""协和万邦"；道家倡导"不争"，以"慈""俭""不敢为天下先"为三宝；佛教则提倡"自利利他、上敬下和"；墨家也主张"非攻""兼相爱，交相利"。罗素据此指出："中国的力量不至于加害他国"，它"不是追求白种民族都迷恋的战争、掠夺和毁灭"，"如果在这个世界上有'骄傲到不屑打仗'的民族，那不是中国"。为达至普遍和平与和谐，必须坚持"己所不欲，勿施于人"的行事原则。同样，"人不犯我，我不犯人"的原则也不能抛弃，二者相辅相成，这是中国思想家在总结国内和国际战乱纷争的历史所得出的结论。

这种理念有助于世界的和平与稳定，也容易为世人接受。中国崛起概念中所具有的这种对比性，与中国自19世纪以来的历史经验是分不开的，与中国长期具有的"受害者心态"也是分不开的。这个概念的历史性非常强，我们可以说旧中国被列强欺凌的惨痛经历和新中国在冷战中的沉浮，尤其是近100年中国与一系列强国正是通过彼此间的相互影响，我们才创造并展示了相当持久的社会结构并根据这种社会结构来确定自己的认同与利益。如果将温特的逻辑应用到对我国的分析上，中国与外部世界交往的不愉快经历，

建构了中国人心目中的国际社会的"霍布斯文化"的无政府状态逻辑（突出表现为一种冷战思维、对抗思维的惯性），这种逻辑又对中国未来应该具有什么样的身份，这种身份下中国的国家利益进行了塑造。

（三）中央集权和民本思想在中国传统文化中占有特殊地位

与等级思想相适应，中国传统文化十分强调君权的无限性和神圣不可侵犯，强调"独制四海"和"受命于天"。但与此同时，君主也要受道德的约束，他应当是无与伦比的道德楷模、"德化天下"的圣王。同时，孔子还提出了富民、惠民的主张。孟子更提出了"民为贵，社稷次之，君为轻"的主张。都淦先生认为，这种君主专制下的民本主义是中国传统政治文化的基本特征之一。在这一思想支配下，中国人世世代代对政治的最高期盼是清官和明君，民主意识和民主制度严重缺失。根据建构主义理论，文化在国际关系中具有关键性的作用，它建构一国的国家利益，影响该国在国际体系中的行动可能性。外交政治文化作为与政治密切相关的一种文化，在国际政治研究中具有与文化相类似的作用，即影响一国的外交政策，这一影响通过政治精英以及公众舆论得以实现。冷战结束后，在国际关系研究领域越来越多的政治研究学者开始重视文化这一因素。

中德合作举行的"文化"活动就很好地起到了这一作用。有学者甚至称："美国媒体巨人的全球新闻传播，其威慑力绝不亚于冷战时代的核威慑力。"在美国等西方国家的媒体报道中，歪曲中国国家的事例屡见不鲜。某些西方媒体通过歪曲中国人权状况，宣扬"中国威胁论""中国崩溃论"等，扭曲中国的国家形象。西方媒体在国际传播领域占优势地位，对我国国家形象的塑造极为不利。在当今国际传播秩序中，西方媒体在信息发布覆盖率、技术层面居于绝对优势地位，发达国家同发展中国家之间的"信息鸿沟"呈现扩大的趋势。占世界人口 1/7 的发达国家占世界新闻总量的2/3。① 在此背景下，世界国际新闻的相当部分是按照西方发达国家的价值标准选择和传播的。我国新闻媒体实力与西方国家有着巨大的差距，在国

---

① 刘继南、周积华、段鹏等：《国际传播与国家形象》，北京广播学院出版社 2002 年版。

际新闻传播中，主导权掌握在西方国家手中，我们的媒体尚不能有效地及时地应对对我国不利的国际舆论报道。

中德是当今世界国际体系的重要角色，而且代表了两种截然不同的文化类型。文化作为国际关系的重要因素和变量引起人们的重视还是近几十年的事情，但其影响却迅速扩大，并形成了国际关系研究的新学派—文化学派。它着重从不同民族和国家的文化背景、文化变迁、身份认知、思维方式等方面分析其之所以如此决策和行为的深层根源，并根据国际体系中不同的文化分配方式判断其性质及趋势。在这里，文化的社会政治功能受到了普遍关注，文化本身成了国际关系的重要组成部分。

（四）中国文化影响力的扩大

近年来，随着国力的逐渐强盛，中国积极发展同世界各国的友好合作关系，积极参与多边国际组织的活动，获得了国际社会越来越多的好评，中国文化的影响也逐步扩大。中国政府也开始更加积极地对外宣传自己的文化。例如，中国计划在其他国家建立上百所孔子学院。中国已经义无反顾地抛弃了传统文化中某些阻碍经济发展的因素，大胆学习和采用西方好的经验。鉴于中国可能发生的变化，罗素对西方国家和中国分别提出了忠告。一方面，他提醒西方国家不要强行按自己的意愿改造中国，而应该"静待中国人自行解决。只有中国人才最了解中国，我们并不了解。如果任其自由发展，最终必然会有一种适合于他们性格的解决办法，我们不应该越俎代庖。只有他们自己慢慢摸索出的解决办法才是长久之计，而外部势力在时机尚未成熟的情况下强加给他们的必然是不自然的，因而也不会是长久的。"另一方面，他忠告中国"要避免两个极端的危险，第一，全盘西化，抛弃有别于他国的传统。那样的话，徒增一个浮躁好斗、智力发达的工业化、军事化国家而已，而这些国家正折磨着这个不幸的星球；第二，在抵制外国侵略的过程中，形成拒绝任何西方文明的强烈排外的保守主义"。他建议中国"结合自身的传统文化，对我们的文明扬善弃恶"。

为了避免出现上述两种极端倾向，中国一方面继续加大改革开放的力度，引进西方更多先进的经验和有益机制；另一方面，开始大力弘扬中国传统文化中优秀的东西，提出了以德治国、以人为本、以邻为伴、与邻为善、建立和谐社会与和谐世界的主张。

近年来西方媒体对中国形象把握的转变，一方面是中国崛起中实力增强的结果，另一方面也是西方国家政治、经济、受众需要和新闻传播规律这四方面结成的共识。但是，无论如何他们都会在报道中体现本国的价值观和国家利益，按照自己的意愿、按照自己国家民众能够接受的方式进行报道，绝不会放弃用信息入侵和文化暴力对中国加以遏制。

中国在西方媒体的视野中报道的价值越来越大。中国 30 年来发展变化的速度用"一日千里"来形容毫不夸张，中国的地位越来越重要，中国现在已成为全球化体系中的重要一员，世界的和平和发展越来越离不开中国。中国是联合国常任理事国，也是世界上最大的发展中国家，在国际事务中能够发挥重要作用。中国坚持独立自主的外交原则，本着平等互利、求同存异的精神与各国发展良好的合作关系，致力于国际新秩序的建设，既在广大的发展中国家有广泛影响，也与西方发达国家建立了战略协作伙伴关系。中国历史文化悠久，对外部世界来说有很强的吸引力。上述这些，无疑都会引起西方媒体对中国报道的兴趣和关注。

第四节　二战后至今中国对德政策的演变

一、中德建交

在第二次世界大战之后，西欧遭受重创，力量大大削弱，特别是德国，主要依赖美国进行重建，通过北大西洋公约组织受到美国的控制，在对华政策上也主要追随美国的立场。在 20 世纪五六十年代，中国虽然和德国没有建立外交关系，但是有传统的民间往来，民间性的贸易机构和贸易往来日渐增多。在六十年代末七十年代初，国际关系发生了明显变化，中国的外交政策也随之做出相应的调整，在对外关系上取得了重大发展。1971 年中国恢复了在联合国的合法席位，1972 年美国总统尼克松访华，意味着中美关系的改善，以此为契机，中国和西方国家先后建立了外交关系。

早在 1964 年中国就同联邦德国进行过接触，就建交问题交换意见。双方代表在瑞士的伯尔尼会谈，然而国际大环境的影响，加上中德双方对会谈的目标设想无法取得一致，四次会谈均以失败告终。到七十年代，美国推行"尼克松主义"，一改从前反对德中建交的态度，推动德国同中国建立正式的外交关系，此时建交条件成熟，施罗德同中国当时的外交部长乔冠华举行了四次会谈，在施罗德访华结束时双方签署了一项促进两国早日建交的书面文件。1972 年 10 月 11 日，中国和联邦德国外长在北京签署了建交公报。

德国和中国之间没有根本性的利益冲突，也没有历史遗留的尚未解决的问题，70 年代，德国的国家元首、政府首脑或外交部长、国防部长多次访问中国，中国国家领导人也先后应邀访问德国。双方领导人在互访中就重大国际问题广泛地交换了意见，在很多问题上持有相同或相近的看法。

二、中德关系在曲折中发展

德国是发达的西方工业国家，拥有先进技术和雄厚资本，而中国市场巨大，需要外来的资金和技术，双方合作领域广泛，都愿意在互相尊重主权和平等互利的基础上，发展各个领域的友好合作关系。中国在"文化大革命"结束后，开始了对外开放政策，将西欧国家视作是重点发展对象之一，其中便包括联邦德国。

中国一贯坚持主权国家无论大小，一律平等，坚持互不干涉内政，各国事务由各国人民自己解决，国际事务由各国协商解决，反对大国干涉别国事务。西欧国家随着力量的增强，日益要求用一个声音说话，宣称欧洲是欧洲人的，在这一点上，中国积极支持西欧国家联合自强的努力。中国开展的无敌国外交和多元化外交，不断扩大外交范围和中国的外交空间。特别是在十一届三中全会之后，中国外交政策不再仅以第三世界国家为重点，是非曲直观念代替了敌友观念，广交朋友，与不同意识形态的国家普遍发展友好合作关系，重视多边外交，逐渐融入国际社会。同时，中国强调和平的交往方式，重视双边经济外交。

1990 年两德统一之后，李鹏总理电贺德国统一，表示：中国政府和人民一贯理解、同情和支持德意志国家，愿意在互相尊重、平等互利的基础上同德国发展友好合作关系。1992 年 10 月，德国外长克劳斯·金克尔访华，德中关系正常化。11 月，科尔总理访华，标志着德中关系进入一个新阶段，双方商定加强外交部间的磋商，在联合国等多边关系领域内进行更密切和更全面的协调。[①] 同年 12 月，德国取消了对德中贸易的限制，德中关系得到进一步推动。1995 年 7 月，江泽民访问德国，是为中国国家元首首次访问德国，双方签署了增设总领事馆和财政合作两项政府协议以及 12 个有关信贷和经济技术合作的协议、合同和意向书，总额达 31 亿美元。[②]

中华人民共和国成立伊始，国际形势严峻，东西方处于对峙状态。美国政府总是遏制中国。在这种大的冷战气候下，再加上联邦德国政府当时推行"哈尔斯坦主义"（认为承认民主德国的国家就是敌视联邦德国，就不与其建立外交关系），和美国站在一个阵营和中国对抗，也对中国实行封锁和禁运，中德关系基本上处于冻结状态，两国只有规模很小的民间贸易。1954 年日内瓦会议之后，中德间交流增多，有了半官方的经贸往来和其他方面的民间交流。1955 年 4 月 7 日，毛泽东主席发布结束中国同德国间战争状态的命令。1956 年 1 月 30 日，周恩来总理在中国人民政治协商会议第二届全国委员会第二次全体会议上作的政治纲领报告中提出，中国欢迎同联邦德国关系正常化。随着中国国际地位的不断提升，德国社会民主党政府推行的新东方政策也缓和了东西方关系，美国总统尼克松访华也缓和了中国和西方的关系，联邦德国政府表达了想和中国发展关系的愿望。在双方的共同努力下，1972 年 10 月 11 日中国和联邦德国正式建立了外交关系。随着中国改革开放政策的实施和深入，德中间的政治交流和经济往来不断加强。1982 年 10 月科尔领导的由基民盟、基社盟和自民党组成的新的联合政府在大选中获胜。两国政府积极推动双方关系的发展。联盟党执政的 16 年，是中德各方面的关系在

---

① 李宝俊：《当代中国外交概论》，中国人民大学出版社，第 207－208 页。
② 同上。

曲折中大步发展深化的时期。两国在政治、经济、科技、文化和教育等各个领域都建立了广阔的友好合作。两国领导人和政府各部门的主要负责人互访日益增多，两国经贸合作以及其他方面的合作日新月异。20 世纪 80 年代中国甚至被德国称为"联邦德国的天然同盟者"。

（一）元首访华

1987 年 7 月 12 日，被称为"德国统一之父"的科尔总理偕同夫人一行对中国进行正式访问，行程从上海开始。访问期间，科尔和中国政府领导人就国际形势及两国关系进行了深入交谈，科尔强调，两国今后在政治上的"相互磋商"、经济上的"密切合作"、文化上的"相互交流"，应成为两国长期、稳定合作的"三大支柱"。7 月 16 日科尔一行从南京乘飞机抵达西藏自治区拉萨市进行正式访问，他是访问西藏自治区的第一位时任外国政府领导人，德中两国关系步入"黄金时期"。① 在科尔执政时期，德国对华政策中还必须大书一笔的是德国亚洲政策的出台。德国于 1988 年在北京建立了歌德学院，而中国也将在柏林建立一个文化学院。20 世纪 90 年代起，经济全球化的趋势日益明显，世界明显朝着多极化方向迈进。在德国的亚洲政策中，中国占有中心地位。施罗德新政府在欧盟不断出台进一步发展和深化对华关系举措的大气候中，着意促进对华关系的发展。于是在两国政府的共同努力下，中德关系很快就上了一个新台阶。

施罗德总理 1998 年上任伊始就重视发展对华关系，在上述外交思想指导下在其前任联盟党政府对华既有成果基础上，在欧盟不断出台进一步发展和深化对华关系举措的大气候中，大力促进对华关系的发展。在两国政府的共同努力下，中德关系很快就上了一个新台阶。1999 年 11 月德国总理施罗德访华期间，仅德国巴斯夫和拜尔两大公司就与中国相关伙伴签署了价值 60 亿马克的合同，大众汽车公司也决定向中国追加数十亿马克投资。2001 年 9 月，两年一度的柏林亚太周将中国作为主宾国。期间，举办了 30 多场向德国以及欧洲公众介绍中国的活动，涉及文化、经济、西部大开发等主题。2001 年 10 月底 11 月初，施罗德总理曾率领一个近 50 人的高级经济代表团，开始

———————————

① 殷寿征：《德国总理科尔》，时事出版社 1992 年版。

其任内的第三次访问中国之行。

施罗德执政五年来五次访问中国，这样频繁的访问，在我国与西方国家的关系中是罕见的，从而大大推动了德中经贸关系的发展。在人权等敏感问题上，他采取"静默外交"，即避免与中国政府在公开场合就此展开讨论和争论。同时，他还致力于巩固和深化德中战略伙伴关系，并倡议开展德中法制国家对话。另外，他也坚决支持取消欧盟对华歧视性的武器禁运协议。两国经贸合作关系获得了巨大的发展。两国每年都要就中德经济技术合作举行一次部长级混合委员会。德国外贸商会、德国之家、德国工商大会、德国工贸中心等机构相继在中国成立。德国在华公司纷纷追加投资，扩大生产。

与施罗德不同的是，默克尔总理反对取消对华武器禁运协议。同时，她还多次直接在知识产权和人权等问题上对中国进行指责。尽管如此，她还是继续如前任一样每年都访问中国，并且每次都携带庞大的经济代表团，其目的显然还是想深化德中经济合作和交流。2007年9月默克尔在总理府接见达赖喇嘛，使德中关系进入了媒体所描述的"冰冻时期"。随后，默克尔也借助各种机会为自己的所作所为辩解。2008年10月，默克尔再次访华。2009年初温家宝总理访德时，媒体纷纷宣称德中已经迈出了"冰冻时期"。

第四章

世界变革中的德国外交理论与实践

二战的战败国，在冷战期间，唯美国马首是瞻，直到冷战结束、德国重新统一之后，才开始推进本土国际关系理论的研究并在学界也发出更大的声音。统一后的德国是欧洲人口最多、经济力量最强的国家，同时又是对欧盟影响最大的国家和欧盟发展的火车头。

第一节　统一后德国外交理论创新之路

德国的国家利益受到诸多因素的限制，由于德国特殊的历史和政治文化，德国形成了对其盟友期望的高度依赖。施塔克指出："在战后格局终结后，德国不再位于敌对阵营的分界线两侧……东西方之间仍然存在着生活水平的差距。基于其位于该分界线上的引人注目的地理位置，德国对东方的社会经济、政治以及生态稳定有着特别的兴趣"。冷战结束后，通过推动欧盟扩大和合作，推动欧洲一体化，保障欧洲的安全和稳定，在欧洲范围内促使国与国关系的法制化，这一直是德国外交的主线。联邦政府一向把完成东扩看作是德国的根本利益。推动欧盟东扩是符合德国自身的根本安全利益要求的，保障德国拥有安全的东部边界，也符合德国的经济福祉利益。可以说，这种对自身安全利益的认识不仅仅是基于物质利益的考量，而是建立在德国对其历史、责任和角色理解的基础上。基于集体认同，德国放弃了狭窄的以邻为壑的安全观，而是试图用安全共同体来超越无政府主义下的安全困境。

对于德国这种缺少传统外交资源的国家来说，需要提升软实力。德国在多边贸易体制内支持国际规制、接受国际规范的约束，维护多边主义，赞成向超国家机构让权等，都是该利益的要求。参与国际规制的建设和国际规范的制定，则是多边层面扩大一国影响力的最有力手段。在价值取向的指导下，德国对国际地位和影响力的追求避免采取武力的方式。身份、规范、互动等观念因素会直接派生出一系列利益。与此同时，文化因素也会对外交政策决策者对其他利益的认知产生影响。利用文化宣传、发展援助等手段，提高本国的国际威望和影响力的目的。德国作为一个出口导向型国家，出口是经济增长的发动机，所以在大多数时候，德国致力于推动世界贸易的自由化。海外投资的安全则是经济安全的一部分，所以德国曾经要求把投资纳入多边谈判议程。

德国需要加强对中国发展水平和发展道路的理解和尊重，西方工业化经历了三百年的历史，制度建设也经历了漫长的过程，一些资本主义国家面临的阶级矛盾和贫富分化曾经相当严峻，现在也不是所有问题都得到解决。而中国是在一个农业比较落后的农业大国的基础上开始工业化建设的，在工业化的中期，中国已经开始关注和解决公平分配、社会福利、民主决策、环境保护等方面的问题，而且中国人口比欧洲的两倍还多。目前中国是成功的，但面临的问题和挑战也是前所未有的。德国人在观察中国的时候，应多用历史发展的眼光，尊重中国选择的道路和正在进行的重大实践和艰苦努力。德国和民众应该多到中国来走走看看，多和中国民众交流。中国是一个开放的中国，中国人是喜欢并愿意与外国人交流的人民，希望从德国等西方国家学到更多更好的东西来建设和发展自己的国家。当然，中国政府和人民也欢迎西方人对中国友善的批评，俗话说："三人行必有我师"，决不拒绝来自各方面的批评。中国对来自德国的批评会一分为二地看待，接受有道理的善意批评来改进自己，进一步把中国自己的工作做好；对于误解和偏见也会坚持多做说明和解释；对于恶意的挑衅也会给予有理有节的回驳。

一、重构德国国家身份的认同

德国著名外交学者托马斯·里瑟认为，德国的身份认同特点是：欧洲导向（且强调出让部分主权和国家权利于欧盟层面）、外交多边化（第一支柱——欧盟，第二支柱——北约）作为安全保证，除了以上两个支柱，德国努力和其他国家及地区，如俄罗斯和亚洲保持友好联系，以文明国家身份（主要强调国际关系的文明化，即尽可能通过经济制裁、调节斡旋、政治手段等）及和平方式化解争端。但是由于恐怖威胁的加剧，维和目的的军事力量投入也成为了文明力量的组成部分。

冷战结束后的十多年里，德国的对外行为并没有出现如主流理论所预测的那样，而是更加深化欧洲一体化的发展，实现了欧洲货币联盟和共同的外交与安全政策，把自己的国家利益与欧洲的国际体制紧密地联系在一起，维持跨大西洋的关系，继续保持了政策的连续性。不过，德国对外政策的连续性并不仅仅像新自由制度主义所理解的那样，是基于物质利益的考量，更重要的是欧盟作为一个价值共同体，为德国对外行为提供了适当的规范。对于德国在冷战之后所表现出来的有别于主流理论的预测，建构主义提供了较为合理的解释。

卡赞斯坦（Peter J. Katzenstein）把德国的外交政策放在整个欧洲的制度中来分析，欧洲的制度不仅仅约束行动者的行为，而且还改变了行动者的身份。它把德国和欧洲的关系变成了德国在欧洲内的关系，德国这艘大船被牢牢地锚在了欧洲，成为一个温顺的国家。[①] 托马斯·班科夫（Thomas Banchoff）从德国国家认同与欧洲一体化的角度，借鉴了叙述和话语分析的方法，剖析了统一后的德国外交政策，认为战后出现和延续下来的超国家的欧洲身份构成了德国国家身份的重要组成部分，联邦德国朝野都把德国的利益与超国家共同体的利益紧密地联系在一起。这种欧洲身份告诉了德国利益之所在：支持欧洲经济和政治一体化的深化。因此，尽管国际和国内环境发生

---

① Peter J. Katzenstein, ed., Tamed Power: Germany in Europe, Cornell University Press, 1997, pp. 1 – 48.

了很大变化，但德国的国家身份并没有发生改变，统一后的德国仍然保持着政策的连续性。

约翰·杜费尔德（John Duffield）从政治文化的角度论述了德国统一后的外交政策，反军国主义和多边主义的政治文化使德国的安全政策具有连续性、稳定性和克制力。[①] 沃尔克·瑞特伯格（Volker Rittberger）等人则选取了德国外交政策领域中的四个案例，它们分别是北约内部的德国安全政策、德国的欧盟宪政外交政策、欧盟和关贸总协定内的德国外交政策以及联合国内部的德国人权政策，这四个领域分别涉及国际政治的三个主要方面：安全、福利和规则体系，全面地考察了德国统一后的对外行为。他们通过科学实证的分析，把理论预测与德国的对外行为变化联系起来，对理论加以检验，对不同理论的解释力得出了这样的结论。新现实主义的解释力是最弱的，自由主义具有一定的解释力，建构主义则最具解释力。因为统一后的德国外交政策的最重要特征是与规范相一致的外交政策，它几乎总是坚持国际和国内社会所共享的以价值为基础的适当行为的预期。[②] 德国的国家利益的实现不可能脱离与国际社会的合作，统一后的德国将更牢牢地嵌入在西方世界之中，支持欧洲一体化，维持跨大西洋的关系。比如现在的德国和第三帝国时期的德国，由于在国际体系中身份的改变，两个时期德国的国家利益也全然不同。因此，观念建构身份，身份决定利益。

二、两德统一后德国的外交政策

探讨德国的国家身份认同首先必须考虑德国的特殊历史国情。20世纪中叶以来，东西德分裂长达40余年。东、西德分属于社会主义和资本主义两个完全不同的阵营，在冷战时期成为东西方对峙的前沿阵地。德国统一是东西德人民的长期夙愿，两德统一之后东德接受了西德的民主政治体制，公民社会得到了迅速发展，德国人民的民族自豪感普遍增强，这使得德国国家身份

① John Duffield, "Political Culture and State Behavior", International Organization, Autumn 1999, pp. 763 – 803.
② Volker Rittberger, et al., eds., German Foreign Policy since Unification, p. 323.

的形成具备了现实基础。但由于冷战的历史影响难以在短时期内消除，统一后的德国国家认同存在内在异质性。

　　融入西方、文明力量、多边主义、贸易治国和逐渐脱离"克制文化"，这五个要素对德国统一之后的外交政策产生了深刻的影响，统一后的德国在欧洲一体化过程中担任先锋角色、积极融入北约。德国的外交政策也在影响、重塑德国的国家身份。例如，德国以"不要再有奥斯维辛"为口号派兵参加科索沃战争，既是对德国国家身份中文明力量的强化，同时又促使德国更加融入西方；德国积极谋求在联合国安理会中取得常任理事国的席位，显示了德国统一之后对"克制文化"的逐渐偏离；德国坚持不参加伊拉克战争，反对以武力解决冲突，是文明力量的胜利；敢于对美国说"不"，则体现了德国外交自信和对"克制文化"的进一步脱离。

　　由于德国国家身份中的多重因素，它们之间存在的差异往往会造成德国外交上的困境。例如，默克尔的价值观外交政策，使德国在文明力量和贸易立国之间陷入了两难境地。总的来说，从建构主义的视角出发，利用德国国家身份来解释德国统一之后的外交政策，能够弥补理性主义的不足之处。但是，仅仅依靠国家身份来解释外交政策是远远不够的。一个国家外交政策的确定往往非常复杂，涉及到很多因素。因此，在研究国际政治问题时，国际关系理论之间的借鉴、融合，取众家之长，是十分必要的。

　　德国参加北约领导的科索沃战争和出兵参加国际反恐行动。这是战后德国在安全防务领域的重大突破，也体现了施罗德总理的自信和德国外交及安全防务政策的正常化。他们现在一再强调要更多地维护德国自身的利益，并主张建立多边的世界格局。鉴于美国、法国和俄罗斯的重要性，德国继续与之保持密切的关系。作为欧盟、欧安会和北约的重要成员，德国致力于推动这些多边组织的发展以及各成员国之间的合作，同时强调联合国在国际事务中的领导地位。笔者认为，施罗德政府所推行的安全防务政策其最终目的是为德国成为一个世界政治大国而服务的。施罗德政府努力通过积极参加国际事务来提高德国的政治地位。施罗德政府主张通过政治对话等方式为各种争端来寻求解决的可能性。

德国身份认同理论的代表者认为，国家利益植根于社会的信念和价值观，也即国家的自我定位及在国际上承担的责任。德国外交身份认同最典型的特点是欧洲化、多元外交和文明力量。文明力量理论强调用"价值、目标、原则和理想"等观念性因素来解释主体行为。由此可见，一方面德国外交思想中的价值观以某种机制影响德国政府的外交决策，另一方面德国的基本价值观在外交政策中越来越重要。正是这些德国的基本价值观如民主、人权，构成了影响中德关系的因素，能够来解释中德关系中的一些摩擦。

三、欧洲化——立足西方，突出德国作为"欧洲中心大国"的地位

联邦德国由于长期不拥有充分的主权，又自认是战败国，只能借助于欧共体和北约来发挥自己在国际舞台上的作用。加之受到巨大制约，一直被排斥于"极"外，所以今天统一后的德国能否成为新的一极，出现"德国的欧洲"，除综合国力因素外，关键取决于它是否能够摆脱各方的掣肘，是否愿意、是否能够控制欧盟在国际上独立发挥重大作用。它主张并谋求政治多极化，反对单极世界和单边主义，竭力推动欧盟的建设，使欧盟尽快成为世界的一极，避免出现一个"德国的欧洲"给邻国带来恐惧。德国要把自己建设为一个"欧洲的德国"，而不是"德国的欧洲"，这既是对历史经验和教训的正确总结，也是现实的必然驱使。

德国把本国的利益、追求和意向置于欧盟这一超国家的机构之中，不走独立之路。它利用法国对大国地位的竭力追求，同法国联手，成为欧盟的发动机。联邦德国由于历史的沉疴，在欧洲各国，特别是在其邻国中的被信任度很低。人们普遍担心会出现"第四帝国"。因此联邦德国便十分注意不当出头的椽子，不走特殊的道路。它也很清楚，欧洲各国都希望用集体组织（如欧盟和北约）来限制并监督联邦德国的行动，因而也更乐于在集体中来发展自己。这也就是联邦德国之所以如此热衷欧洲联合事业，不断呼吁要将欧盟建成为欧洲联邦，一直担当欧盟的最大净付款国的原因。

（一）欧洲一体化

从阿登纳政府开始，立足西方，积极推动欧洲一体化进程就成为德国外

交的基本方针。1949 年 8 月 14 日，德国西部三个占领区举行首次联邦议会大选，基督教民主联盟和基督教社会联盟（简称联盟党）胜选，阿登纳担任联邦德国首任总理。他一直借助以美国为首的西方国家势力让德国变得壮大起来，摆脱战败国地位，成为欧洲国家中平等的一员。阿登纳在其回忆录中写道："如果单单靠自己，我们就将一事无成；如果同西方团结一致，我们就能，这是我的信念，维护我们的自由，并随着时间的推移而使德国在和平与自由中重新获得统一"。① 但是，德国与美国毕竟远隔重洋，真正能帮助德国还是欧洲自己。为此，阿登纳极力改善与法国关系，建立"波恩—巴黎轴心"，推动欧洲建设，当时就是推动西欧一体化建设。前总理施密特当时认为，联邦德国的利益只有在得到法国的合作和支持时才能得到保障，而法国要想在世界舞台上起一种领导作用，也必须有联邦德国的支持，因此，德法两国的合作是符合两国利益的。统一至今的 23 年也是德国积极致力于欧盟建设的 23 年，欧盟政策继续成为德国外交政策的重要支柱，统一后的德国重又回到欧洲中心的位置，德国外交政策日益打上了深深的欧洲烙印。1998年红绿联盟政府执政初期，时任总理的施罗德说过："社民党领导下的联邦政府将不会改变德国的外交政策、欧洲政策及安全政策的基本走向，仍把欧盟政策放在他的外交政策中的核心地位"。2005 年 11 月，大联盟政府在执政纲领的欧洲部分中表示德国将致力于挽救《欧盟宪法条约》，并承诺将打造一个"公民的欧洲"。2007 年上半年德国利用担任欧盟轮值主席国期间制定了"路线图"计划，为《里斯本条约》的出台发挥了重要的作用。20 世纪80 年代初起，在西欧散发着一种西欧衰落悲观的论调，当时主要指西欧在高科技领域落后于美国和日本，如大型计算机、新材料、生物工程、光导纤维、机器人等。例如，在集成电路技术方面，美国和日本在 1982 年就已制成256 千位的存储器芯片，到 1985 年开始批量生产，而当时西欧还处在试制期。1972 年到 1982 年的 10 年间，西欧共同体在世界新技术出口市场上所占份额下降了 17%，而美国和日本却分别增长了 36% 和 38%。法国外交部长迪马写信给德国外长根舍说："欧洲如果不能把握住这种尖端技术的发展，

---

① 潘其昌：《走出夹缝》，中国社会科学出版社 1990 年版，第 263 页。

欧洲就不会有前途。而要改变这种状况，出路只有西欧国家联合起来"。西欧国家一直担心德国统一后会坐大欧洲。对此，科尔总理不断强调统一后的德国是欧洲的德国而不是德国的欧洲，以消除欧洲国家，特别是法国的疑惧。2007年1月德国接任欧盟主席国旗帜后，重新激活《欧盟宪法条约》进程，是年10月通过"简化版欧盟宪法条约"——《里斯本条约》，把西欧一体化向前推进了一大步。

（二）德国政治大国地位的进程

第一阶段：德国作为19世纪后期崛起于欧洲的强国与大国，长期以来在国际上的大国地位毋庸置疑，但由于两次挑起世界大战以失败告终，使其大国的国际地位受到严重影响和削弱。因此，当时西德建国后不得不再度依靠欧盟这杆大旗来发展自己，平抑邻国的反感和警觉，争取成为国际社会平等的一员。这是德国谋求国际大国努力的思想和实力准备阶段。

第二阶段：1990年两德统一，这为德国谋求国际大国的努力提供了最佳的时机。二战结束后，世界很快进入东西方对立的冷战时代。联邦德国成立后自觉把自己置身于西方世界，推行西方的价值观念和意识形态。阿登纳一上台就密切地与西方国家相配合，坚决推行向西方一边倒的政策。这必然导致联邦德国与建国伊始向苏联为首的东方阵营一边倒的新中国相对立，东欧剧变和苏联解体后西方世界一片兴奋，认为这是"历史的终结"。

第三阶段：1998年红绿联盟登上联邦政府宝座，德国谋求国际大国地位的企图更加公开化，到伊拉克战争前达到巅峰。德国的主要表现是：与英国首相布莱尔合搞《伦敦宣言》（Schröder – Blaire – Papier），并与法国共同大力推动欧盟东扩；努力与俄罗斯和中国搞好关系，希望在争取联合国常任理事国席位上得到支持；逐渐突破《基本法》限制向北约防区以外派兵参加联合国维和行动，如向阿富汗派医疗队，参加阿富汗的重建工作，以及不断努力摆脱美国"小伙伴"角色，表示要走德国道路等。[①] 它们积极推行既有的价值观念和意识形态，更加突出"民主、自由、人权"的价值观。而默克尔上台伊始推行的价值观外交就是例证。德国是当今颇具影响力的国家，也是

---

① 殷桐生：《德国外交通论》，外语教学与研究出版社2010年版，第153页。

欧洲的核心国家之一。正如德国历史学家弗兰茨·施纳贝尔所说："在欧洲的所有的民族当中，德意志人由于他们居住空间上的地理条件，使他们成为了一个负担最为沉重的民族，特别是地理上的负担，造就了他们历史上的一种特别有负担的传统。"正是这个原因，德意志人同欧洲东西部国家之间的严重冲突和历史恩怨，使德意志问题从一开始就成为一个"欧洲问题"。

四、安全同盟——大西洋伙伴关系和北约

自从联邦德国成立以来，与美国建立的跨大西洋伙伴关系是德国对外政策最重要的支柱之一。德美之间这种特殊双边关系的形成既有历史的因素，同时也建立在两国共同的价值信仰与现实的安全与经济利益的基础之上。对于联邦德国而言，美国一直是其在欧洲联盟之外最亲密的同盟者和伙伴。1949 年之后，联邦德国同美国关系更是成为了联邦德国外交政策的重要支柱之一。

德国同意参与建立反导系统，就是与美国合作，向美国示好的表现。德国的外交政策的重中之重就是将自己融入欧盟、融入北约，在国际政治事务上以一个声音说话，谋求政治大国的地位。那么德国必须履行作为北约成员国的义务。根据北约宪章第五条，对一国的攻击"应被视为对缔约国全体之攻击"。北约将其引申为"对一国的潜在攻击应被视为对缔约国全体之潜在攻击"，欧洲导弹防御系统就这样"合理"地应运而生了。如此牵强附会，不得不说，尽管德国的政治地位有所提高，军事上唯美国马首是瞻的地位仍未改变。

共同的价值观取向以及美国作为世界上唯一超级大国的地位都充分证明德美关系在统一后德国外交政策中继续享有举足轻重的地位。无论统一后德国是否愿意继续充当美国的"小伙伴"，有一点毋庸置疑：维护良好的德美关系已成为德国统一后历届政府的共识。立足西方的另一个突出表现体现在德国和北约的关系上。虽然冷战结束后苏联作为潜在的威胁不复存在，华约业已解散，但是德国认为世界仍不太平，冲突仍时有发生，军事威胁无法彻底避免。只有继续留在北约才能保证德国的安全。此外，有着沉重历史包袱

的德国认识到北约对于保证统一后德国军事政策透明度大有裨益，只有坚持留在北约才能扫除欧洲邻国对德国的疑虑。

为了排除邻国的疑虑，为了自身的安全，同时也为了表白自己坚定皈依西方的选择，统一后的德国选择了留在北约。二十几年过去了，德国眼中的北约却发生了变化。德国著名的德美关系专家、柏林自由大学教授海尔·哈甫滕多恩2002年在德国外交政策协会季刊《国际政治》（International Politic）杂志中撰文指出："2001年9月11日发生的恐怖袭击事件中最知名的牺牲品就是北大西洋公约组织。所谓集体防御的呼吁只是一个有名无实的象征性姿态。北约已经从冷战时期的一个军事集体防御组织变为一个类似欧安会的政治组织，经历东扩后的北约正在欧洲化，北约的重要性也在丧失。"

2005年2月在慕尼黑安全会议上，德国呼吁北约进行根本性改革，虽然紧密的跨大西洋关系符合欧洲和美国的利益，但欧洲形势和世界形势都已发生变化，过去的安全规则和行为方式都应随着改变。国际挑战的现实也发生了变化，除了传统安全问题还有非传统安全问题挑战，未来的问题首要的不是完全能用军事回应可以解决的。传统的跨大西洋合作机构，比如北约，没能足够适应这改变了的安全形势。这也导致了德美双方之间误解、不信任，甚至紧张局势的产生。为此，当时的德国总理施罗德建议组建一个高规格、独立的改革委员会。这一专家小组应在2006年年初给北约和欧盟各成员国提交一份调查报告。美国国防部长对德国改革北约的建议反应非常冷淡，并称北约有可能是人类历史上令人印象最为深刻的一个松散的联盟组织。

北大西洋公约组织是维系德、美两国政治合作的重要纽带。北约作为冷战时期的产物，一直是欧美盟友关系的支柱和载体。20世纪90年代，随着华沙条约组织（华约）和苏联的解体，欧洲的政治与安全形势发生了巨大变化，随之北约也成了一个地区性防务协作组织，未来应该如何发展、如何重新定位都成了摆在美国和欧洲面前的问题。为了适应欧洲和国际形势的变化，北约先后经历了两次重大的战略转型期。北约的第一次转型期是从冷战结束到"9·11事件"。北约虽然继续发挥着其原有由美国主导的军事集团的功能，但已从原本的美国—西欧国家联盟变成了一个几乎覆盖整个欧洲、对付各种威胁的组织。1996年9月，北约公布了《东扩计划研究报告》。1997年7月，马德里首脑会议决定首批接纳波兰、捷克和匈牙利加入北约。1999年3月，这三个国家正式成为北约新成员。

2002年11月，北约布拉格首脑会议决定接纳爱沙尼亚、拉脱维亚等东欧7国加入北约。这是北约自1949年成立以来规模最大的一次扩大。2004年3月，上述7国成为北约的新成员，使北约成员国扩大到26个。"9·11事件"之后，北约开始了第二次转型，其军事功能进一步减弱，政治功能进一步强化，逐渐由单一的纯军事组织转向复合型的军事政治组织。在布拉格会议上北约明确提出，它今后的首要威胁来自国际恐怖主义、大规模杀伤性武器及其运载工具的扩散。在北约的新任务中，反恐居首位，维持和平与集体防御退居次要位置，协同美国打击恐怖主义成为北约的核心任务。2003年，美、英执意发动伊拉克战争，美国的单边主义思想急剧抬头，开始实施"先发制人"的战略，严重影响了国际政治安全体系，北约因此陷入了前所未有的内部纷争。法、德等北约成员国公开反对美国绕开联合国对伊动武。伊战后，法、德等国拒绝在没有联合国授权的情况下向伊派遣维和部队和捐款，要求尽快还政于伊，积极呼吁在伊重建中发挥联合国的主导作用。主要盟友之间的分歧使北约的第二次转型面临重大危险。德国前总理施罗德甚至称："北约已不再是跨大西洋伙伴讨论和协调战略的主要场所"。北约的变化主要表现在以下三点：

1. "老欧洲"国家与美国的紧张关系会有所缓和，美欧在北约的框架内继续对话与合作。

2. 北约组织结构将更加松散，作用也进一步弱化。

3. 北约组织将实现其功能多元化，强化其政治功能，减弱其军事功能。

北约组织将进一步开展与非北约国家包括同俄罗斯的合作和协商。德、法等所谓的"老欧洲"国家虽然同美国分歧依旧，但出于各自利益需要和相同的价值观也都在同美国缓和紧张关系，以便从长计议地推进欧洲独立防务，为欧盟扮演全球角色培养所需的能力。美国也意识到了问题的严重性，也注意修复和加强美欧关系的发展和深化。2006年2月5日结束的第42届慕尼黑安全政策会议给正处于转型期的北约注入了积极信号。会上，德国总理默克尔强调北约是跨大西洋价值集团的组织，是跨大西洋关系的"基石"，应该成为欧美讨论国际冲突的"第一场所"。默克尔要求北约必须是针对新的冲突进行政治磋商的地方，为确保这一点，北约必须成为不断分析世界面临威胁的机构。德国认为冷战的结束并不意味着威胁德国和欧洲地区安全的危险就不存在了。同时默克尔还要求北约同样准备在地区之外进行合作，北约成员国所有的政治和军事措施都必须首先经过北约的讨论和策划。只有当北约内部无法解决时，才可以选择其他途径解决，但这并不意味着每个国家都要参与所有需要解决的问题。默克尔赞同重新讨论 2008 年或 2009 年的北约战略部署，北约的新转机正是在这种背景下出现的。

在对待北约和欧盟关系上，默克尔要求美国政府不要以怀疑的态度看待欧盟加强了的政治地位，而应当把它视为一种机遇。欧盟已经成长起来，从最初的 6 个成员国发展到 27 个成员国，已在欧洲事务和国际事务中发挥着重要作用，包括在军事方面的安全。德国意在北约承担更多的责任，包括北约防区之外地区的安全责任，还包括所谓保障全世界的自由、民主、稳定与和平。根据德国《基本法》规定，联邦国防军不得参与北约防区以外的其他地区的防备活动。1993 年 7 月 28 日，联邦议会通过《国外使用法》，授权德国政府向非北约防区不仅可以提供野战医院和部分警察装备，而且可以向海外派兵。1995 年 12 月，4000 名联邦国防军士兵被派到波斯尼亚地区执行联合国维和任务。1997 年初，3000 名士兵被派到波黑地区执行维和任务。1999 年 3 月 24 日起，北约在未获联合国授权情况下对南斯拉夫进行狂轰滥炸，德国派兵参加对科索沃战争，从而突破了战后德国联邦国防军不得到境外参战的限制，打破了德军只维和不参战的规定，摆脱了德国一直束缚自己的战败国阴影，这是德国争做国际大国企图的体现。德国的立场是，北约仍然是欧洲集体防御的基础，而且将来对国际危机做出反应时也要起重要作用，但同时也将"欧盟拥有军事行动能力""与北约并肩行动"放在了同等重要的位置，但这并不是与北约竞争。德国认为只有这样，大西洋两岸的北约伙伴才能应对未来的挑战。默克尔同时还支持北约加强与日本、韩国、新西兰、澳大利亚等非北约伙伴的合作关系，今后在世界上发挥更大的作用。

　　冷战结束和德国统一，德国的安全环境发生了巨大变化。随着东欧地区的捷克、波兰和匈牙利加入北约，德国已从原来的东西两大阵营对峙的"前线国家"转而成为欧洲的中心，周边国家要么为盟国，要么为友好国家如瑞士等。德国安全防务政策仍然离不开以下三个内容：

　　1. 继续依靠北约集体防御，并借助北约东扩维护自身安全。

　　2. 积极推进欧盟一体化进程，并借助在地缘政治和历史渊源上的优势，扩大在东欧和独联体国家的影响，最终实现东西欧融合，建立以欧盟为核心的全欧安全秩序。

　　3. 谋求联合国安理会常任理事国席位，跻身世界政治大国行列，力图在维护欧洲和世界的安全与稳定方面发挥重要作用。德国的防区原来只限于本土防御和北约地区范围内的防务，现在欧洲和世界的安全形势出现了变化，德国欲要谋取大国地位，所谓承担更多"国际责任"，就必须走出北约地区范围，走向世界，参与更多的世界防务活动。

　　欧盟政策已经成为德国"国策"和外交政策的重要支柱，统一后的德国致力于欧盟东扩，重又回到欧洲中心的位置，德国外交政策日益打上了深深的欧洲烙印。德国 RTL 电视台 2004 年调查结果显示，多达 59% 的德国人欢迎欧盟东扩。德国《世界报》网 2004 年 4 月 26 日报道，其中 18 到 29 岁的德国人支持率最高达到 69%。德国是欧洲拥有邻国最多的国家，具有特殊的地缘战略地位，也决定了它对安全有着特殊的需求。1991 年科尔在爱丁堡大学演讲指出："联邦德国对欧洲一体化的需求超过任何其他国家，我们需要欧洲，不仅出于经济上的原因，还有政治原因，对德国来说，这种需求比任何其他欧洲国家都要强烈，因为由于地理位置居中使我们比任何其他欧洲国家都拥有更多的邻国和更长的边境"。德国经济部长克莱门特在 2005 年强调，欧盟东扩一年里，德国的商品出口保障了德国国内的工作岗位。他说，10 个新成员国加入欧盟整整一年了，欧盟的东扩为德国增强了活力。德国中小企业对快速增长的中东欧市场开发方面卓有成效。德国商品和服务业出口到这些新成员国为德国创造了无数的工作岗位。新成员国的优惠商品使德国企业和消费者从中获利，并且使德国的经济竞争力更持久，居民的购买力得到提高，拉动了德国的内需。这就需要德国进一步改善和发展与东欧国家的双边和多边关系。德国总理默克尔于 2006 年 9 月 22 日就在国际贝斯特曼"欧洲未来"论坛上明确提出："至于新成员问题，我们在可以预见的时间里不会做出新的承诺""那些极力赞成欧盟扩大的人——我不一定属于这些人的范畴。必须明白，如果他们同时对宪法条约持怀疑态度的话，那么在现行的法律基础上不会再有扩大。"

德国处理好与东部邻国波兰的关系是进入东欧圈的重要一步。前总理科尔曾说："没有德法的友谊，欧洲一体化大业无法开始；没有德波的友好，欧洲一体化大业无法结束"。波兰部长会议主席西伦凯维茨 1957 年访问印度时说："波兰同联邦德国的关系是波兰外交政策中的一个主要部分"。因为波兰反对联邦德国在边界问题上的立场，波兰多次努力并未得到联邦德国的积极响应。由于历史原因，德国与波兰关系一直存在一定的问题。进入新世纪以来，德波两国媒体中出现了不和谐声音，波兰媒体经常出现比如两国已从"利益共同体变成了争论共同体""忘恩负义人""出卖朋友的德国人"等等，不一而足。波兰是德国东部的最大邻国，面积为 31.2683 万平方公里，仅小于德国（35.6545 万平方公里），两国有很长的边界线，特别是两国边境地区人们来往密切。其次，由于历史原因，联邦德国能否改善和发展与波兰的国家关系，是联邦德国进入东欧的一块试金石。1970 年德国总理勃兰特访问波兰，他在华沙犹太人纪念碑前双膝跪下行赎罪礼。勃兰特的这一惊人之举震惊了东欧各国人民，为其而后推行"新东方政策"打下了基础。期间，匈牙利、罗马尼亚也纷纷表示愿意与联邦德国改善关系的类似愿望。

冷战结束，两个德国统一，德国从东西方对峙的"前线国家"转而成为欧洲的"中心国家"，地处欧洲中心地带，成为东西欧接触和交流的中心场所，德国又是欧洲的经济大国，因而也提高了德国的欧洲地位和国际地位。但是，德国如果要发挥大国作用，不仅要拉住西欧国家，而且还要拉住东欧国家，甚至成为东欧国家在国际事务中的代言人。正是在这样的历史条件下，德国才力促欧盟东扩，东扩至俄罗斯边界。

（一）外交多边化

德国统一以来，提倡并坚持多边主义外交战略，是指德国对待国际关系时趋于依据规范的无差别行为原则，寻求与协调和他国进行制度化合作的一种对外战略。通过对多边主义进行工具化的应用来提高德国在国际组织中的影响力与话语权，德国外交政策中的这种多边主义的趋势也已展现。多边主义之所以成为德国外交的核心理念，一方面是由于战后德国对历史进行了深刻反思，且面对分裂、主权不完整的困境及冷战的国际环境。德国如果想要崛起，单凭自己的力量是不行的，必须与其他国家进行比较平等的合作才能实现德国重新崛起的梦想；另一方面，由于战后德国的经济社会发展越来越深地融入了欧洲一体化和经济全球化进程之中，在经济全球化的情况下，你中有我，我中有你，可以说，谁也离不开谁，由此为德国带来了高度的相互依存性。当今德国多边主义的特点在于强调多边主义的义务性、必要性的同时，不断将多边主义作为扩大德国影响力，维护德国国家利益的工具。

德国消除其外交政策的孤立和民族单干是通过与伙伴国的联合行动，例如和美国以及法国合作以及多边行动来排除的。[①] 它努力保持和改善同其他几个潜在"极"的友好关系，大力发展同它们的经贸关系，特别是同俄罗斯和中国的关系。相对于小布什政府时期的美国奉行单边主义的外交政策，企图建立单极世界秩序，这与德国政府一贯坚持的多边主义外交理念，追求建立多边国际秩序的目标背道而驰。在美国小布什政府执政八年期间，两国却围绕伊拉克战争、气候保护、关塔那摩问题、建立国际刑事法庭等问题出现了严重的分歧甚至是冲突。

1. 地缘军事的多边化

在地缘军事层次上，德国外交与安全政策的目标是建立以规范多边主义为基础的世界秩序，主张用和平方式解决区域或国际冲突，非到万不得已时不使用非和平手段，反对单边主义，反对美国"先发制人"的策略。而美国则依仗自己的实力，致力于维护自己的军事霸权地位，建立以美国为中心的

---

① Vgl. Haftendorn, H. : Deutsche Au? enpolitik. Zwischen Selbstbeschr? nkung und Selbst-behauptung, 1945–2000, Stuttgart u. München, 2001, S. 95–96.

单极世界秩序，将多边主义矮化为美国实现这一目的的工具。因此，德美之间在地缘军事层次的互动中存在着不可调和的目标和冲突。在经济全球化层次上，德美之间的互动特点并非是单边主义和多边主义的冲突，而是两国都倾向于将多边主义进行功利化、工具化的阐释与应用，旨在维护和扩大本国的经济利益。当两国的经济利益发生矛盾和冲突时，仍然以本国的经济利益为主导加以解决，尽管双方会做出一些相互妥协但又照顾各自利益的解决办法。究其原因，这一方面是两国在国际经济秩序和制度的制定方面所持理念不一，具体经济利益相异产生利益冲突，另一方面也是两国在发达国家经济利益共同体框架内开展合作，为共同面对新兴国家崛起的挑战，继续共同掌握全球经济治理权提供了机会。奥巴马执政以来，德美双方围绕国际金融体系改革问题的冲突与合作，在很大程度上印证了该特点。而随着以德国为代表的欧盟在国际经济事务上影响力不断上升，可以预见，德美之间在这一层次将会出现更多的利益纠葛。

2. 国际相互依存的多边主义

在国际相互依存层次上，多边主义规范是国际社会普遍承认的主导性行动准则。任何国家只有按照国际社会普遍承认的规则行为，才能建立一个和谐的世界，国家与国家之间才能和平相处、共同发展、共同受益。德国依据自身利益定位和国际政治条件，实行道义责任和利益影响并重的多边主义策略。可以说，德国遵守了国际社会普遍承认的行为规则。这样，德国对多边主义的大力提倡则使得德国政府在无形中获得了"多边主义盈利"，在国际社会中增强了公信力以及得到更多的机会把符合自身利益的规则转化为国际规则。这在许多需要共同解决的国际问题上与超级大国相背而行。美国定规则让其他国家照办，甚至把美国国内法变为国际法，让世界普遍遵守，这与德国的行为规则相悖。美国既损人又不利己的做法必将会遭到德国抵制和国际社会的反对。虽然德美两国价值观相同，但为维护本国利益，相互之间也会出现摩擦甚至矛盾冲突。

（二）扩大对第三世界的影响力

积极扩大在第三世界国家的影响。十九世纪后半叶，欧洲列强对非洲进行野蛮的殖民主义掠夺时,德意志各诸侯还在为本民族的统一而相互争斗。
1848 年在柏林召开刚果会议,以图解决欧洲列强对非洲殖民的争夺。柏林会
议为年轻的德意志帝国对外搞殖民掠夺扫清了道路。1883 年到 1884 年,西
南非洲的纳米比亚、多哥和喀麦隆成为德国的殖民地。在亚洲,德国殖民者
占领了中国的胶东半岛。经过两次世界大战,德国丧失了海外所有的殖民
地,这反倒成了战后德国发展与第三世界国家关系的有利条件。20 世纪六七
十年代,随着大批第三世界国家进入联合国,联合国本身及世界形势的变化
和发展,西方发达国家不得不认识到第三世界对它们的经济和政治的影响。
第三世界国家一向是德国的重要原料来源国和产品销售地,大约 40% 的原料
来自这些国家,15% 的产品出口到这些国家。例如,德国石油总进口的 82%
是从欧佩克国家进口的,铁矿砂的 48.2% 主要从巴西进口;还有铜矿砂的
36.3%,铝矾土的 88%,原锡的 71.6%,亚镍的 83%,铅矿砂的 32.3%,
铁矾土的 28.8% 以及棉花的 55.2%,植物纤维的 82.8% 等等都是从发展中
国家进口的。1978 年 1 月 3 日,施密特政府在答复社会民主党和自由民主党
议会党团一项提案中说:联邦德国在加入西方阵营、并安排好同东方国家关
系之后,应该不失时机地承担起它在联合国所负的责任,推行一种"面向南
方的政策",一种"第三世界政策",向第三世界国家提供发展援助。1980
年施密特总理在联邦议会发表声明:"第三世界国家的独立和不结盟国家的
独立作用是世界和平与稳定的重要因素"。同年 9 月 24 日根舍外长在联合国
大会上发言说,"没有第三世界的发展,就没有持久的可靠的和平"。德国对
发展中国家的政策是,与第三世界国家发展"平等伙伴"的合作关系,加强
对第三世界国家的经济援助,以克服其"群众性的贫困",举行南北会议讨
论原料、能源、贸易和财政政策等问题,把促进农业发展、解决第三世界国
家粮食问题、保护自然资源和开发能源资源列为重点项目。

(三)亚洲政策的调整

在亚洲问题上,德国统一后,改变了过去不重视亚洲的政策,而大踏步
地进入亚洲。1980 年 3 月,在西德倡议下,欧洲共同体与东南亚联盟签订合
作协定,加强双方的贸易和科技合作。德国外长金克尔说:"从国际竞争角

度看，我国经济必须出现在亚洲国家市场上"，把亚洲列为德国外交政策的一个重点。1993 年 2 月科尔总理对印度、新加坡、印尼、日本和韩国亚洲五国进行访问，是德国统一后积极开展对亚洲的经济、政治外交的重大举动。科尔政府认为，"亚洲在 21 世纪将出现许多机会。我们在政治上和经济上都必须充分考虑这种机会。一项积极的亚洲政策要为我们当前的政治和经济利益服务。它是德国未来的保障。"德国外交部牵头，经济部、发展合作部、研究和技术部、环保部和国防部合作制定了"德国的亚洲政策"，同年 5 月出台，被称为德国的"新亚洲政策"，把日本、印度、中国列为重点，中国处于"关键地位"。该政策分为亚洲的发展和德国的亚洲政策以及新亚洲政策的重点和实施措施两部分，主要内容是：文件在谈到其产生的背景时说："在 21 世纪亚洲将有突出的机遇，从政治和经济上必须估计到，推行一种积极的亚洲政策符合我们现实的政治和经济的利益。这种积极的亚洲政策确保德国的未来，也是确保和平的全球政策的不可缺少的组成部分"。世界上一半以上的人口生活在亚洲，在可预见的未来，亚太地区经济的年增长率为 7% ~8%，是世界上最富活力的增长地区"。1960 年该地区只占世界国民生产总值的 4%，在亚洲政策出台时达到 25%，10 年后可能达到世界总产值的 1/3，其中大中华经济区更是以令人窒息的速度发展着，文件要求德国人更多地了解和熟悉亚洲。不仅政府，而且各种社会的政治组织要与亚洲国家建立和保持关系，扩大经济合作；特别要加强中小企业与亚洲国家的合作，扩大德国在亚洲国家大使馆和领事馆的经济服务，促进德国在亚洲的经济利益是德国驻外机构的首要任务。文件认为德国与亚洲国家合作方式主要是：促进当地私营经济发展居合作中的中心地位，支持中小企业扩大生产，促进职业教育和继续教育，促进基础设施建设，改善环保。

1993 年 9 月"德国经济亚太委员会"在科隆成立，促进德国企业在亚洲的活动，金克尔外长和雷克斯洛特经济部长出席成立大会，经济部长强调说："德国政治界和经济界应该挽起手来，共同迎接亚洲经济的挑战"。1994 年 1 月德国驻 21 个亚太国家的外交官在波恩举行会议，会议通过一项"10 点文件"，强调德国的新亚洲政策是保证德国未来发展的优先关注事项。"10

点文件"的主要内容是：新亚洲政策是确保德国未来的优先任务；加强与亚太地区的关系；加强与该地区政治、经济、科技和文化方面人事关系；创造和改善及投资的总体条件；加强与亚洲国家在环境政策和技术方面的合作；地球上大多数穷人生活在亚洲，亚洲是德国发展援助的一个重点；加强与亚洲国家的政治对话，使他们参与解决全球的重大问题；加强对亚洲的传媒工作；加强欧盟与亚洲的关系，最后强调德国愿意成为亚洲国家的一个好的、可信赖的和有益的伙伴。2002 年 6 月 25 日，默克尔政府又出台了"新亚洲政策"，声称将以更积极的态度参与解决亚洲地区的各种冲突。"新亚洲政策"首先提出，亚洲不仅对德国出口贸易重要，而且也关系到德国的政治和其他方面的利益。强调发展与亚洲国家的全面伙伴关系，从而改变了德国过去只重视发展与亚洲国家经济关系的偏颇。默克尔政府的"新亚洲政策"的主要内容包括三大利益领域："经济利益（包括贸易、投资、确保竞争力和科技合作等），政治和地缘战略利益（包括保障和平、防扩散和就诸如尊重人权、法治国家等议题开展以价值观为导向的对话）以及全球利益（包括资源和气候保护、全球治理）。"强调要在共同价值观和意识形态基础上建立伙伴关系，认为"亚洲的崛起，特别是中国和印度的崛起，不仅给我们带来经济（和生态）影响，还在世界范围内产生巨大的地缘政治和安全影响。欧洲和美国必须在一个欧洲和大西洋影响日渐削弱的世界上重新定位"。文件认为中国崛起具有深远影响，同时也强调印度和日本的重要性。德国政府经济合作和发展部长海德玛丽·维佐里克·佐尔把发展政策看作全球结构政策与和平政策，是一项全球结构政策的任务，是确保全球未来机遇的重要部分。她还认为，发展政策的目标是"社会公正，建立人道的生活条件，减少贫穷，尊重人权，促进民主基本秩序与全球生态平衡"，贫穷与社会不公是暴力与恐怖主义的温床，不减少贫穷便不能成功地反恐怖。为此，德国政府制定了《2015 年行动计划》，并决定到 2010 年把发展援助的资金提高到占国内生产总值的 0.51%，到 2015 年达到联合国规定的 0.7% 的标准。

五、贸易立国

重视外交为经济服务，开展全方位务实外交。加强同第三世界国家的合作，奉行理性的对外经贸政策，减免部分发展中国家的债务，提供人道援助，推进发展合作，为今后的多极世界争取尽可能多的同盟友。

外交是内政的延续。德国是一个经济高度发达的工业国家，经济实力雄踞欧洲首位。由于国内资源匮乏，德国的原料和能源供应在很大程度上依赖进口。在经济全球化步伐日益加快的今天，如何确保德国的能源供应，扩大德国产品的海外市场，提高德国的区位竞争力显得愈发重要。作为商品出口大国，德国经济与世界经济休戚与共。德国的对外贸易是德国经济的发动机，也是德国经济的晴雨表。无论是九十年代初期发起的"亚洲攻势"，还是发展同俄罗斯的友好关系，抑或积极推动欧盟东扩，统一后德国的外交都恪守"贸易立国"，外交为经济服务这一宗旨，以实现"以经济促外交、以外交促经济"的良性循环。

在重视经济外交的前提下，统一后的德国外交重视发展同亚非拉等发展中国家的关系，致力于建立公正合理的世界经济新秩序，并将发展援助政策纳入全球和平政策的范畴，扩大自己在第三世界国家的影响。中国的经济发展给德国企业在德国之外提供了一个巨大的销售市场，并给德国国内创造就业机会做出贡献，据德国工商总会称，目前德国有20万以上的就业机会取决于对华出口。两国愿意首先在能源领域和环保领域签订合作协议。

六、德国迈向政治大国的步伐逐渐加快

（一）奉行西方一体化政策

德国外交政策的最重要的两个指导原则是"不要再有战争"和"不要再有奥斯维辛"这两个标准，这是在历史教训的影响下形成的。[1] 建立在这两个标准之上总结出的阿登纳外交政策上的西方一体化，最终成为德国政治外交文化的宗旨。[2] 这不仅导致德国和西方国家经济、政治一体化，而且安全

---

[1] Vgl. Sieg, Hans Martin: Weltmacht und Weltordnung. Der Krieg im Irak, die amerikanische Sicherheitspolitik, Europa und Deutschland, Münster, 2004, S. 337.

[2] Vgl. Kühnhardt, Ludger: Wertgrundlagen der deutschen Au? enpolitik, S. 106 – 108, in: Kaiser, Karl/Maull, Hanns W. (Hrsg.): Deutschlands neue Au? enpolitik, Bd. 1: Grundlagen, 2. Auflage, München, 1995, S. 99 – 126.

政策一体化，加入到西方的价值共同体和北约组织，首先是欧盟和北约。①
随着德国统一后外交正常化，德国竭力谋求大国地位，要求成为联合国安理
会常任理事国，至少希望成为同英、法平起平坐的不属单独一极的"正常"
国家。用"克制文化"来统导联邦德国的外交政策。简单综合一下联邦德国
外交政策的策略原则，不难发现，其中贯穿着一条价值的红线，那就是"克
制文化"。无论是"人在屋檐下，主动低下头"，还是不当出头的椽子；无论
是尽量适应占领国的利益，还是在美法关系中保持中立，都是受这一红线牵
动的。甚至当1994年克林顿在柏林呼吁联邦德国承担起新的世界领导责任
时，联邦德国的"克制文化"仍然占主导地位。强调"克制文化"对联邦德
国，对德意志民族都具有特别重要的意义，这是因为德国因为历史包袱实行
"克制文化"：放弃领导要求，而是把间接行动作为指导原则。德国尝试避免
追求单纯的国家利益，而是通过国际组织以及和伙伴国共同行动来实现目
标。而且德意志民族也很好强，不甘心居人之下，加上历史上法西斯分子灌
输"优等民族"和"超人"意识，德国人中也确实有不小的一部分人头脑膨
胀、行为傲慢。如果不无时无刻地让他们"克制"一点，就不知道会闯出什
么祸来。因此提倡"克制文化"既有战术上的意义，也有战略上的作用。从
科尔政府单独率先承认克罗地亚和斯洛文尼亚的独立，到施罗德政府大胆突
破海外派兵的禁忌，不甘心做美国的"小伙伴"，积极开展"穿梭外交"推
动中东和平进程，斡旋伊朗核危机，再到默克尔政府对积极谋求联合国安理
会常任理事国席位的坚持，统一后的德国日益彰显独立、自信的外交意识，
并加快了迈向政治大国的步伐。

（二）联邦国防军问题

在冷战时期，由于德国的战败国身份，且当时联邦德国的国防政策是纳
入北大西洋公约组织的威慑战略之中的，因此联邦德国在军事上一直采取
"自我约束"的对外政策。基本法第82a条第二款规定：除防御之外，德国

---

① Kaiser, Karl: Das vereinigte Deutschland in der Internationalen Politik, S. 10, in: Kaiser, Karl/Maull, Hanns W. (Hrsg.): Deutschlands neue Au? enpolitik, Bd. 1: Grundlagen, 2. Auflage, München, 1995, S. 1 – 14.

可在基本法明确允许的范围内派遣武装部队。但基本法并未对允许的范围和程序做出明确规定，因此联邦德国向海外派兵始终是一个禁区。在两德统一之后，德国开始积极参加联合国维和行动。1991 年以来，德国已经派遣超过15 万名联邦国防军士兵，3500 名警察和 1000 名文职专家参加了国际和平使命。统一后德国外交的一个重要转变就是超越"克制文化"的羁绊，逐步向海外派兵。然而，它同时也难以摆脱诸多困扰：历史重负的困扰，纳粹德国犯下的滔天罪行罄竹难书。因此，德国大举向海外派兵的政策也不言而喻地受到历史重负的困扰。

2002 年 4 月，执政党和在野党就有关联邦国防军是否派兵中东展开了激烈的争论。争论的导火线是此前施罗德提到有派兵参加中东地区军事行动的想法。当时的在野党——基民盟主席默克尔原则上认为可以派兵，不过她认为派兵只是漫无边际的想法罢了，并非上策。而时任联盟党总理候选人、基社盟主席施托伊伯则明确表示反对这一想法。当时担任绿党议会党团主席的米勒女士（Kerstin Müller）则要求马上停止这场"莫须有"的辩论，应该在菲舍尔外长"七点计划"的基础上寻找政治解决冲突的途径。法兰克福犹太人社区主席科恩（Salomon Korn）则认为，即使有联合国授权也无法想象德国人派兵以色列，"那种德国士兵可能向以色列人开枪的设想简直就是骇人听闻"。联邦国防军自身能力的困扰，统一后联邦国防军的数目锐减，现有25 万士兵的联邦国防军最多只能向国外派遣 1 万名左右的士兵。与此同时，联邦国防军自身的问题也逐渐暴露出来：武器装备的落后，尤其是缺乏易于空运和海运的轻型装备，使得海外派兵无法适应快速变化的形势。为了适应新的任务，联邦国防军必须对武器装备和自身体制进行重大调整和改革。同时，由于派驻地区自然条件的恶劣以及士兵身体条件和精神准备不足，士兵还要面临死亡的威胁。例如 2003 年 6 月间，驻阿富汗德国士兵中有四名战士死于自杀式爆炸袭击，29 名士兵受伤。此外，士兵还要面临来自家庭的压力。联邦国防军海外派兵政策还在一定程度上有悖于依靠非武力的方式（如协调、对话、谈判等）解决冲突的"文明力量"理念。战后德国的反战情绪一直高于其他欧洲国家，德国也由此成为欧洲和平主义运动的始发点之一。

尤其是经历过学生运动和"新社会运动"的那代人已经成为德国社会的中流砥柱。和平、反战的理念早已深入人心。2002年10月31日，当造价七亿欧元的德国海军萨克森（Sachsen）级防空型护卫舰（F124型）交付使用时，德国和平运动的一位发言人批评说："德国海军的扩军导致其他民族受到世界范围内长期的威胁，并让人联想到威廉帝国和希特勒法西斯时期的不光彩的传统"。

七、德国身份的内部认知

托马斯·曼在《德国的一番自我批评》（Stück deutscher Selbstkritik）一文中，他还是触及了一些根本性的问题，那就是德国历史的基本矛盾。德国属于古老西方文化和社会的一部分，却走上了一条与西方邻国截然不同的政治发展之路。和英国、法国相比，德国很晚才成为一个民族国家，而实行民主制的时间更晚。联邦德国的宪法就是这种经验学习的结果。1990年10月3日，当时的德国总统理查德·冯·魏茨泽克（Richard von Weizsäcker）在柏林爱乐厅举行的庆祝活动上说出了整个德国的心声——"今天，德国第一次在西方民主的框架内找到了自己永恒的位置。"

1951年12月6日，阿登纳在伦敦英国皇家国际事务研究院发表了一番题为"当代问题中的德国"的演说，深入分析了德国的历史。他比较了英国和德国的发展史，并从中得出结论，"英国的民主是其历史不间断地发展的成果，这种民主被视为一种无可置疑的国家和社会体制"。阿登纳认为：德国历史上也出现过"具有类似可能的美妙萌芽，特别是在各个城市中。然而，随着德意志民族罗马帝国逐渐解体，领土国纷纷诞生，各邦之间权力争夺阻碍了民主理念的发展以及民主机制的建立。直至19世纪初，德国才开始萌发新的政治意识。这种对自由国家体制的追求理所当然地和民族统一的愿望融为了一体。"民众的愿望促成了1848年的第一届德国人民民主代表大会，然而大会却没能组建起一个民主的德意志帝国，这为德意志民族带来了灾难性的后果。1871年德意志帝国建立以后，非但没有实现民族自由，却为追逐权欲的民族主义提供了温床。这种观念不断激化，加上一战之后的社会困境，纳粹主义终于产生，给全世界尤其是德国带来了难以言喻的灾难。以上寥寥几句不仅表现了阿登纳对德国历史观点的看法，同时也揭示了"德国特色道路"的核心含义。"德国特色道路"并不是要暗示德国与其他西欧大国之间存在巨大差异，它强调的更多是德国与西欧以及北美国家在社会和文化上的共同点，以期在这种背景下凸出德国政治发展的特性，尤其是德国集权制的悠久传统。

身为联邦德国第一位总理，他认为未来的德国不会成为一个松散的民族联邦，政治上在东西方阵营之间摇摆不定，因而只能走"特色道路"。阿登纳并不希望德国走到这一步，"自始至终，欧洲都需要统一起来"。阿登纳在回忆录中提到1954年夏天欧洲防御共同体以失败告终时这样写道："联邦德国和统一之后的德国必须要与西方保持联盟关系。"这正是阿登纳的政治路线，这一路线基于他对局势的判断，他认为，在东西方之间摇摆不定的德国迟早会让苏联成为欧洲的霸主。

对于西方是否（还）是一个价值共同体这一当今经常讨论的问题，从弗兰克尔这些思考中我们也能得到一个辩证的回答：西方是一个价值共同体，它在从共同价值派生的政治论断上存在争论，且必须争论。西方价值受到了跨大西洋色彩和经验的影响，同时也和所有历史现象一样经历着不断发展。当人们将西方和其他社会文化进行比较时，西方的共同点表现得尤为明显。在政治文化上，欧盟国家和美国有着许多自己的特点。值得欣慰的是，这些国家都会为了强调集体"身份"而标榜自己与其他地区的差异。

欧盟和美国也不需要第三方来认可它们的共同点，它们有理由、有必要维护西方的价值和机构不受任何攻击和威胁，并尽可能地宣扬它的影响。然而，如果某种政策意图强制性地推广西方价值观和生活方式，则注定会一败涂地。历史上，德国政体在专制和民主之间摇摆。魏玛共和国是德国历史上首个民主政体，但缺乏民主政治的基础，成效不大。而被改造成以希特勒独裁为特征的专制，为追求"生存空间"而发动了战争。此后，两个德国分别成为美苏两大对立阵营的成员，联邦德国与民主德国分属不同的阵营。两个具有对立政治取向的德国并存。对于二战后的欧洲国家来说，民主须是民族国家政治生活的基本原则。这对于德国来说恰恰是挑战。德国不是如法国和英国那般的民族国家，其先天就缺乏实行民主政治的条件。彻底铲除纳粹主义，防止纳粹主义和军国主义东山再起，成为了战胜国一致对德政策的核心。迫使整个德意志民族进行彻底的批判式的自我反思，迫使他们在西方国家强制实行的"再教育"的道路上，不能不为所有这些以整个民族的名义犯下的罪行赎罪。没有这样一种前提，民主制度是难以在联邦德国这片土地上真正建立起来的。通过基本法所肯定的"人的尊严是神圣不可侵犯的"宪法形式，非纳粹化以及德国战后民主制度的建立，才替代了德意志历史上从来没有经历过的一场彻底的民主革命的胜利。德国与整个欧洲各国的政治制度第一次变得完全相似了。

八、德国吸取历史教训，走出德意志帝国的阴影

德国是两次世界大战的发动者，背负着沉重的历史包袱，历史教训严重，在欧洲各国，特别是在其邻国中的信任度很低。人们普遍担心会出现"第四帝国"。欧洲人的"恐德病"由来已久，尤其法国人的恐德心理更重。早在17世纪中叶，法国首相黎世留即明确宣称："德国弱，法国才能强"。先是拿破仑横扫德意志诸邦，而自1870年普法战争法国战败后，到1945年二战结束的75年间，两国三次大规模交战，法国都处于下风，三次遭受德意志铁蹄的蹂躏和屈辱。在二战后很长时间内，法国各界对德国普遍抱有严重不信任感和戒备心态。统一后德国的面积为35.6545万平方公里，小于法国；人口达到7950万，为欧洲（俄罗斯外）之最，是欧洲的一个经济大国。德国的经济总量占欧元区经济总量的三分之一。据同创同德网2012年6月8日报道，2007年德国出口额为13330亿美元，德国对欧盟出口占德国出口总额的64%，对欧元区出口占42.8%。德国不敢走特殊道路，不能执西欧联合之牛耳，而历史经验又证明，西欧联合离开法国也毫无前途，因此科尔政府和过去德国历届政府一样，十分重视改善德法关系，形成"巴黎—波恩轴心"共同推动西欧联合的发展。正如英美关系是传统的特殊关系一样，战后以来的德法关系也是特殊关系，双方都把对方放在最重要的外交位置上，两国首

脑上台后的首次出访都是到对方国家。英国首相撒切尔夫人曾说："德国将在欧洲占支配地位，英国的任务就是要防止发生这种情况"。为了消除西方，特别是欧洲国家对德国的疑虑，当时的阿登纳政府执行一边倒（向西方）的政策，认为只有依靠西方大国德国才能求得统一。阿登纳在其回忆录中写道："如果单单靠自己，我们就将一事无成；如果同西方团结一致，我们就能，这是我的信念，维护我们的自由，并随着时间的推移而使德国在和平与自由中重新获得统一。"

科尔政府执政以来，在德法两国密切配合和推动下，恢复了西欧联盟的活动，解决了共同体内部长期争吵不休的英国农业回扣问题，通过欧洲政治合作条约草案和修改罗马条约的建议，吸收西班牙、葡萄牙为欧洲共同体新成员国，提出并开始实施"尤里卡"计划，促进欧洲科技合作，把西欧联合推进到一个新的发展阶段。

首先，积极改善和发展与东欧各国及与苏联的关系。据报道，当时德国人捐款 380 万马克给苏联人过冬，西柏林存储的 5 亿马克食品运往苏联进行救济。阿登纳称："与苏联建交是一种特殊的例外，苏联是四大战胜国之一，对德国统一负有责任。"1955 年 6 月 7 日，苏联通过其驻法国大使馆建议阿登纳访问莫斯科，就两国建立外交关系和经贸关系进行谈判。双方经过艰苦谈判就两国建交条件达成一致，即苏联同意释放 9626 名德国战俘，对德国东部边界即奥德—尼斯河边界各自保留自己的意见。科尔政府外交政策的战略目标是：德国统一以及应对世界战略格局的多极化，主要做法是：推动西欧联合，加强对美关系，对苏以抗求和，促进两德对话、合作，重视对日关系，发展同中国的全面合作。科尔政府强调，苏联的扩张性是对西欧的严重威胁，主张对苏联采取强硬态度，实现力量均势是防范苏联、确保欧洲地区稳定与和平的最可靠办法，按计划在联邦德国土地上部署美国的潘兴 II 和巡航导弹，实现欧洲战区战术核力量的大体均衡。与此同时，科尔政府坚持与苏联进行政治对话，促成美苏首脑冰岛会晤，以缓和东西方关系。在德苏两国关系上，科尔、根舍外长一再强调恪守已签订的一系列东方条约，承认欧洲战后边界现状，多次声明对苏联、波兰等没有领土要求。苏联与联邦德国建交后，东欧国家也纷纷向联邦德国投送秋波，表示愿意和联邦德国实现关系正常化。德国统一后欧洲中心向东转移，德国成为主角，人们也看到德国的大国意识日益增强，开始要求在欧盟中维护德国的国家利益和提高德国在欧盟中的领导权地位以及在国际舞台上的作用。

九、德国国家身份的重新定位

自从1945年二战结束德国分裂以后，虽然德国重新统一一直是东、西德乃至世界各国普遍关注的一个重要问题，但由于受到整个国际形势，尤其是欧洲政治地理格局的制约，德国统一问题一直没有取得较大的实质性进展。80年代末，随着美、苏关系的缓和和国际政治形势的变化，德国统一问题再度成为各国舆论关注的焦点。然而德国统一进程的发展之快却大大地超出人们的预料。

1990年10月2日晚，民主德国领导人和各界代表庆祝民主德国加入西德。民主德国总理德梅齐埃发表讲话说："一个国家自动退出历史舞台是不多见的，但国家的分裂也是不合常理的。"魏茨泽克总统说："德国统一是全欧历史里程的一部分。"关于德国对外关系，其指出："国外仍对德国统一怀有明显忧虑，让德国的所有边界都成为通向邻国的桥梁，德国不会拿大西洋关系和欧洲伙伴关系去冒险，这是德国的利益所在"。统一后的德国完全融合在西方，面向全欧洲，使德国分裂的消除成为欧洲统一的重要篇章。科尔总理于1990年10月3日就德国的对外政策致函世界各国首脑说："德国发动的第二次世界大战给欧洲和世界各国人民带来无限灾难，今后从德国土地上只会产生和平"，并强调德国统一与欧洲统一是密不可分的，德国人将像争取德国统一那样继续坚持不懈地争取欧洲统一。其强调说："统一后的德国特别愿意为已经获得自由并已经走上政治、经济和社会改革道路的中欧、东欧及东南欧国家与欧共体发展更为密切的联系作出贡献"，声称德国将同所有把和平、尊重人权与自由以及人们的幸福视为自己的义务的国家站在一起。科尔政府认为："只有打破两极体制，建立一个有多种力量并相互制约的新的世界格局，欧洲才能发挥它应有的作用。"

两个德国的统一改变了欧洲形势，瓦解了冷战时期形成的两极体制，结束了东西方冷战对峙的格局，使世界形势进入一个新的时期，进入一个以美国为"独霸"的单极世界。冷战结束，两德统一，这改变了德国与美国的关系，从一个被美国保护、看美国眼色行事的国家成为一个争取和美国平起平坐的国家，积极参与欧洲事务和世界事务，做一个"承担更多国际义务"的国家。科尔说："随着德国统一，德国在国际上也将肩负起更大的责任，德国愿意为联合国在建设和平的世界和应付全球挑战中发挥重要作用而作出贡献，愿意在将来参加联合国为维护和恢复和平而采取的行动，包括派遣德国的武装力量并将此创造出所需要的国内条件。"

但是两极格局的解体并没带来战争的消亡，世界仍然不太平，世界的矛盾呈现出多样性和复杂性的特点。冷战时期被压抑和掩盖的民族、宗教、历史问题都充分暴露出来，最典型的便是前南斯拉夫以及大规模杀伤性武器和运载工具的扩散及这些武器落入恐怖分子之手，这可能给人们带来新的恐惧。在国际关系发生如此巨大变化的时候，统一后德国仍然选择立足北约和欧盟，继续立足西方，推动西方一体化进程。科尔表示："德国仍将置身于北大西洋联盟，愿意同盟国一起根据西、东关系的发展和时代要求的不断变化，来继续发展这一富有成效的联盟，并把它作为欧洲新的集体安全结构的柱石予以保护。"

欧洲一体化符合德国的政治和经济利益，德国由于发起两次世界大战，这种"政治侏儒"的身份在国际政治的舞台上备受压制，其"经济巨人"与"政治侏儒"的地位不相匹配。德国要寻求政治上话语权最好的办法就是通过国际组织和区域组织，而欧盟恰恰是其提高政治地位最好的工具。德国和法国是欧盟的两只"引擎"，而德国相比法国经济发展更好，更是欧盟内的老大，国内政治和社会也相对稳定，在欧盟内部有很大的话语权。但由于历史原因，德国必须借助法国一臂之力才能实现德国的"大国梦"，由此而产生了"法—德轴心"，其是主导欧洲形势发展的一支不可替代的力量。1963年1月22日德法合作条约签订，标志联邦德国和法国的关系从和解进入一个合作阶段。虽然这个愿望很好，但由于两国合作的出发点不一样，这种良好愿望并未立即出现。法国企图把美国从欧洲排挤出去，建立一个在法国领导下的欧洲联盟；而德国认为美国是法国不可替代的力量，只有同美国保持尽可能的紧密联系，才能保障西欧的防务。德法两国领导人在对待美国的态度上一直存在分歧。勃兰特领导的社民党政府推行"新东方政策"，对苏联和东欧国家改善和发展关系。法国政府虽然表示赞同，但担心德国和苏联及东欧国家走得太近，它们的关系太深，以致再次出现"拉巴洛幽灵"。施密特登上总理宝座，使德法两国关系得到进一步改善和发展。根据施密特自己的说法，他当初是一个亲英派。1957 年，联邦德国议会表决批准罗马条约时，施密特投了弃权票，他认为欧洲共同体如果没有英国，则将一事无成。但以后的事实告诉他，只有法国才是欧洲联合的推动力量，英国并不真心实意地同欧洲国家荣辱与共。施密特认识到，联邦德国的利益只有得到法国的支持和合作才能得到保障，而法国想要在世界上起一种领导作用，也必须得到德国支持，法德两国的合作符合两国的利益。

十、统一后德国政治家和学者对德国定位思考的争论

对于统一后德国外交的走向，国际理论界三大主流范式——新现实主义、新自由主义和建构主义一直有着不同的解释和判断。新现实主义者坚持德国应继续以国家利益和大国权利政治为导向，而新自由主义者则认为："相互依存"的国际政治体系使得民族国家的行为能力受限，德国政府应致力于在多边主义的框架内寻求合作。建构主义者认为社会结构和行为者之间有相互建构的关系，强调社会共同的规范和理念。统一德国的外交政策是以延续为主，但排除以追逐权力为导向的政治。

统一后的德国称得上是欧洲的真正大国，它的发展方向引起政治界和学术界的广泛关注和争论。这些争论主要表现为三个方面：

第一，统一后的德国依然是西方"大家庭"中的一员，否定推行以德意志民族利益为主导的单边的外交政策。据日本《读卖新闻》和盖洛普民意测验机构于 1990 年 4 月底 5 月初对两个德国举行的民意测验结果显示，71% 的东德人不希望德国统一后加入北约，赞成中立的人达 80%；西德有 34% 的人

反对加入北约，53%的人赞成中立。多数学者认为，德国统一后仍然属于西方，仍然留在欧盟和北约，德国只有和西方结盟才能发挥更大作用。统一后的德国是"欧洲的德国"，而不是"德国的欧洲"，以释除欧洲邻国及西方盟国对德国的质疑。德国领导人甚至保证："统一后的德国绝不会出现德意志民族的单干和民族问题的中立化解决"，（Kein deutscher Sonderweg）并明确提出"绝不再"（走特殊道路），"绝不单干"（Nie allein）的口号。德国著名政治学学者钱皮（Ernst - Otto Czempiel）教授强调"联盟的共同利益"，强调世界政治结构已发生重大变化，不再是用军事武力的占有、瓜分权力和势力范围的世界。钱皮教授于2000年在他的一篇文章中指出：有三个重要因素决定德国未来的外交政策，一是深化欧洲政治联盟，继续欧盟东扩；二是在大西洋联盟中必须具有政治指导机制，防止联盟解体，平衡美国的优势；三是把欧盟与俄罗斯的合作机制化，必须重新致力于欧洲安全与合作组织的建设，其中欧洲联盟深化与扩大是德国在新世纪外交政策的首选任务。扩大和深化本是一个矛盾的共同体。新加入欧盟的成员国，它们的政治体制不完全相同，经济发展水平参差不齐，人民的生活水平更是高低悬殊。

第二，统一后的德国融入欧洲大家庭，融入国际社会，推行合作，维护共同利益、多边主义的外交政策。默克尔总理和其前任施罗德总理一样，坚持广泛的国际合作和多边主义的政治理念。他们多次表示："德国要避免单独行动和追求特殊道路，认为国家利益只有在同其他国家密切合作的情况下才能实现，单边主义只能导致德国的外交孤立。"

德国资深外交专家施瓦茨（Hans - Peter Schwarz）教授认为冷战的结束使得德国以"中心大国"的身份重新回到世界舞台；埃朗根大学历史系教授朔尔根（Gregor Schollgen）认为德国重又成为"欧洲大国"。该校教授乔治·雪尔根（Gregor Schoellgen）主张"德国回归世界舞台"。法兰克福大学教授贡特·赫尔曼（Gunther Hellmann）也认为选择德国道路"将使德国外交政策陷入危机。特里尔大学教授毛尔（Hanns Maull）等人甚至认为德国将因此被潜在地"边缘化"。毛尔教授等展开的"文明力量（Zivilmacht）"研究，认为促进国际关系文明化，"文明力量"也要追求国家利益，只是这种国家利益受到价值、规范的直接影响并是集体学习过程的结果。他在发表的《文明力量联邦德国》文章中指出："冷战经济、经济全球化和国际关系相互依存的加强、国际关系中现实主义理论及其主张，使以民族国家为主导、以追求权力和国家利益为目标、以国家实力（主要是军事遏止和威慑等）为手段，已经不适应新的时代要求了，必须有新的理念，即要从国际、国内政治的整体性出发，推动国际政治的文明化进程"。毛尔教授认为："国际政治文明化进程的主要标志，主要是禁止在国内和国际政治中威胁和使用武力、国际关系法制化，支持国际机构民主化，创造公正合理的国际新秩序。"前总理施罗德于1999年2月跨大西洋会议上曾经指出："德国仍然是一个可以信赖的伙伴，德国的历史责任使它不得不用所有必要的手段，防止大规模屠杀。"

第三，统一后的德国打破德国《基本法》的限制，凭借自身的经济实力，以此希望在国际事务中发挥更大作用。德国前总统魏茨泽克呼吁结束安全政策方面的"搭便车"时代。德国极力岐解南斯拉夫，派兵到阿富汗参加联合国的维和行动。"9·11"事件之后，德国立即承诺可派出4500人国防军参加阿富汗反恐。目前德国已在巴尔干、阿富汗、非洲之角等世界各地派出了10000名军人参加维和及反恐行动。德国突破了《基本法》中不得向北约地区以外派兵的规定而走向世界。德国向海外派兵在国内也引起广泛争论，成为欧洲和平主义运动的始发地之一。2002年10月31日，德国海军萨克森（Sachsen）级防空型护卫舰交付使用时，和平主义一位发言人批评说，"德国海军的扩军导致其他民族受到世界范围内长期威胁，并让人联想到威廉帝国和希特勒法西斯时期的不光彩的传统"。①

十一、在国际观念互动中形成的德国身份认知

1947年6月"马歇尔计划"出台，这是联邦德国战后经济得到迅速恢复和发展的主要动力之一。从二次大战结束至1955年，联邦德国从美国总共获得36.5亿美元援助，并把每年偿还金额又作为短期信贷方式投入经济，至

---

① 殷桐生：《德国外交通论》，外语教学与研究出版社2010年版，第452页。

1956 年该款项已达 100 亿美元，遍及德国一切经济部门，推动了经济的复兴和发展。1947 年 12 月，苏、美、英、法四国外长伦敦会议破裂，以美国为首的西方阵营与以苏联为首的社会主义阵营关系进一步恶化。1949 年 4 月 4 日，西方 12 国外长在美国首都华盛顿签订了《北大西洋公约》，宣布成立北大西洋公约组织，简称北约。1991 年苏联及其华沙条约集团解体，北约本应该随之解散，但却依然存在，是因为北约对美国的欧亚战略重要。北约不仅是美国影响欧洲事务的主要途径，还为美国在欧洲保持有重要政治意义的军事存在提供了基础。苏联解体及华沙条约集团消亡，北约组织从以对抗华约集团为目的的纯军事组织转变为军事政治组织，仍把苏联的继承者俄罗斯视为威胁。

2011 年 11 月布拉格峰会提出"全面改造"北约的决定，旨在全面提升北约的军事活动能力，以适应其盟主美国的全球战略需要。德国的统一和苏联的解体标志着维持世界近半个世纪的"雅尔塔体制"寿终正寝，以美、苏争霸为核心的旧的世界格局已被打破，新的世界格局还未形成。德国认为，在当今相互依存的世界里，美国虽然是一个超级大国，但如果没有其他国家的合作，也是不可能取得反恐战争胜利的。所以，美国应该与欧洲和其他国际力量一道共同反对恐怖主义，摒弃单边主义。同时，德国也主张尊重国际法规和国际条约义务。德国和欧盟虽然不主张动用武力或少用武力解决冲突，但是希望用其所谓欧式民主，用它们的制度和价值观来改造世界。

欧洲一体化符合德国的政治利益，德国需要欧盟，欧盟也需要德国。德国等欧洲多数国家则强调世界的和平与稳定，主张建立一个多种力量并存，多种力量既合作又相互制约的"多极世界"，欧盟作为正在形成中的一极，应发挥与其实力相称的作用。随着欧洲一体化进程的不断深入，欧盟的实力日渐强大，尤其是在与俄罗斯的关系趋于缓和改善之后，包括联邦德国在内的西欧更想摆脱美国，走自己的路。它们认为单靠武力不能从根本上解决冲突，强权不能缔造真正的和平。这一理念尤其对九十年代以来德国外交政策的制定产生了很大影响，继续坚持广泛的国际合作以及多边主义的政治理念。冷战后世界形势发生了巨变，地区冲突和局部战争依然不断，需要国际社会参与解决；德国愿意承担起更多的国际责任，因此德国的政治家们目前表现出的是在坚持和平、合作和文明理念的前提下尽力避免在外交实践上的矛盾，以便在国际社会中能发挥更大的作用。

德、美保持的大西洋联盟关系建立在共同反苏的基础上，即所谓的跨大西洋主义。在这样的关系中，美国对包括德国在内的西欧国家提供经济援助，通过北大西洋公约组织为西欧国家提供军事安全防御的保障，成为了西方阵营中毋庸置疑的主导者。随着冷战的结束，德、美联盟一夜之间失去了冷战时期的共同敌人，西欧对美国军事保护的依赖程度大大降低。另一方面，此时的美国和包括德国在内的西欧的实力都发生了变化，美国作为唯一超级大国的地位逐渐突现出来。对美国而言，西欧的战略意义大不如从前，而同时"新欧洲"也伴随着欧洲一体化的进程在加速崛起，这一切都对传统的大西洋联盟构成了挑战。在这种新型的双边关系中，美国与包括德国在内的西欧超越了传统的大西洋联盟的框架，由过去的保护与被保护的关系转变为西欧谋求与美国建立平等的伙伴关系。因此，对于北约的继续存在，学者和一些政治家均表示各种不同程度的质疑。德国著名政治学家钱皮教授指出："世界政治的结构将发生重大变化，世界将不再是一个'国家世界'，即通过军事武力的占有、瓜分权力和势力范围的世界。但它也不是一个'世界社会'，即放弃武力手段，服从于一个中央权力的世界。这个新的世界更像是一个'社会世界'，即由国家组织所构成，但却受各个社会的利益所制约的世界。"《中国评论》期刊的何涛和倪海宁特约评论员认为："北约与亚太国家加强合作，是它为弥合美欧分歧、提升全球影响力而实施的重要战略步骤。"东扩进程暂缓，北约开始走出欧洲，将战略触角伸向亚太，伸到了蒙古，这将对未来美欧与亚太国家关系产生重大影响。据美国著名评论网站"SperoForum"2011 年 5 月 30 日消息，意大利知名记者及学者德尔·博卡（Angelo Antonio Del Boca）接受媒体采访时表示，北约针对利比亚的军事行动已失败，利比亚仍是一个主权国家，北约联军发动的战争是非法的。美国前国防部长罗伯特·盖茨 2011 年 6 月 10 日在其卸任前发表最后一次政策讲话时，严厉批评北约和美国的欧洲盟友，并告诫说："北约这个跨大西洋联盟存在着前景不说凄惨至少也是暗淡的实际可能",北约继续存在合法性依然没有解决,这也就是 2012 年 5 月 20 到 21 日北约美国芝加哥峰会所谓的丰硕成果。

第二节　文明力量角色的形成及挑战

一、文明力量概述

"文明力量"这一概念最早由法国人杜希纳（Franois Duchêne）于 20 世纪 70 年代提出,当时这一概念是用来描述欧共体的对外影响。德国特里尔大学政治学教授毛尔提出"文明力量"的外交理念,该理念主要包括三个核心内容:首先,提倡采取非武力的方式（如协调、对话、谈判等）解决冲突,并致力于将武力解决冲突的方式降到最低点。第二,赞成加强国际法以及多边国际组织参与国际事务处理。第三,促进国际关系民主化。文明力量的角色理论被理解成一个理想的模式,没有一个国家完全符合它或者能够做到符合它。文明力量的理想模式勾画出一个"特殊的外交自我理解以及特殊的国家外交政策的目标,战略和手段,以此赋予一个特殊角色方案的基本因素特征。

德国特里尔大学政治系的毛尔教授及其课题小组,他们开展了关于"文明力量"理论的研究,主要特点体现在外交理论和实践的结合。如毛尔教授在 1992 年提出"文明力量"理论的论文中,针对德国坚持放弃核武器等外交实践对"文明力量"理论进行了论证。1997 年,毛尔教授及其课题小组完成了为期三年的对《德国、美国、日本外交战略 1985—1995》研究（《deutsche、amerikanische、apanische Aussenpolitikstrategie 1985—1995》）,对三个国家符合文明力量角色的程度进行了分析,得出结论,德国外交政策的文明力量模式是内化程度最高的。此后,毛尔教授及其领导的课题小组始终坚持用"文明力量"理论对德国的外交政策进行分析。

文明力量理论中的核心概念是文明，强调承担这一角色的国家非军事强权的状态，以及实现国际关系民主化的非军事手段。从文明力量理论本身出发，阐明"文明力量"这一术语的三个层面：

（一）它指国际体系中，追求国际关系民主化、维护和平的行为主体。随着国际组织的发展及其国际影响日益扩大，这样的国际关系行为主体不仅包括传统的国际关系主体即民族国家，也包括在某一区域或国际舞台上举足轻重的国际组织。

（二）国际舞台上，符合文明力量角色模式的行为主体强调观念的作用，以西方民主和人权作为核心价值观，致力于在国际关系中推行这样的价值观念，希冀其他国家也能成为这样一种角色模式，即文明力量被视为目标。

（三）文明力量在描述一种国家角色之外，还用以强调这一国家角色实现目标，追求国际关系民主化的手段都是文明手段，主要指非军事手段，以和平方式来实现国际和平，但并不绝对反对动用武力。在这一外交理论的战略影响下，德国外交明显呈现出对价值和观念因素的重视，这种重视并不等同于冷战时期联邦德国对两大阵营意识形态的重视。前者意在以大国身份承担更多的国际责任，并在世界上推行西方的价值观念，实现观念上的一统，而后者仅仅是以意识形态和观念的差别来区分敌我，划分界限。而在形成中的欧盟外交，也越来越多地呈现出文明力量的特点：

1. 引入"价值、目标、原则和理想"等观念性因素来解释主体行为。

2. 德国的基本价值观在外交政策中越来越重要。

3. 实现国际关系民主化的非军事手段，超越单纯从利益考虑的角度出发来解释主体行为，德国外交思想中的价值观以某种机制影响德国政府的外交决策。

文明力量理论中的核心概念是文明，强调承担这一角色的国家非军事强权的状态，以及实现国际关系民主化的非军事手段，强调用"价值、目标、原则和理想"等观念性因素来解释主体行为。由此可见，一方面德国外交思想中的价值观以某种机制影响德国政府的外交决策，另一方面德国的基本价值观在外交政策中越来越重要。正是这些德国的基本价值观如民主、自由、人道、人权，构成了影响中德关系的因素，笔者尝试以此来解释中德关系中的一些摩擦。

（一）德国努力打造文明国家形象

统一后德国一直强调在世界上要做"文明力量"国家，认为单靠武力不能从根本上解决冲突，这一理念尤其对 90 年代以来德国外交政策的制定产生了很大影响。按照塞·哈尔尼施和汉斯·毛尔的"文明力量"理论观点，不以武力来解决冲突，努力使动用武力解决政治冲突的做法最小化，强调武力是解决冲突的最后手段，强化国际法和多边国际制度，提高把主权让渡给国际组织的积极性，推动国际关系的民主化和法制化。这既是对历史经验和教训的正确总结，也是现实的必然驱使。欧洲各国都希望用集体组织（如欧盟和北约）来限制并监督联邦德国的行动，因此德国也更乐于在集体中发展自己。

作为战后出生的一代领导人，前总理施罗德多次毫不掩饰地将德国比拟为"欧洲的大国"以及"具有理性的自身利益的觉醒的民族"。1999 年，施罗德接受《明镜》周刊采访时说："科尔这一代认为，我们德国人必须是欧洲人，因为要不然的话对'条顿式的疯狂冲锋'的恐惧有可能死灰复燃。…我说，我们必须同时也是欧洲人。这种独立和并非只是来源于历史责任的自愿具有优势，它使得我们能够比过去更加毫无偏见地对待自己的利益。"对于解决地区或国际冲突，使用非武力手段的看法在德国人中占居多数地位，这是德国一方面从自身经历中得出的正确政策，另一方面也是对战后国际经验得出的比较合乎当代国际大形势的看法。所以，德国人一般比较普遍地反对战争也就不足为奇了。

统一后德国的外交凸显了这一"文明力量"的色彩。两极格局的解体并没带来战争的消亡，世界仍旧冲突不断。从承诺不生产 ABC 武器到放弃核能，从倡议彼得斯贝格会议到积极参与阿富汗战后重建，从拒绝派兵伊拉克再到着手谈判解决伊朗核问题，德国外交向世界展示了"非武力"的姿态。作为联合国、欧盟、北约、欧安会组织等世界重要多边国际组织的成员，德国积极奉行多边外交。从欧盟事务中扮演"发动机"的角色到致力于联合国机制的改革，从签署《京都议定书》到加入"国际刑事法庭"，从斡旋中东危机到反对对伊动武，德国一直是当今倡导"文明力量"的重要一员，并积极致力于国际关系的民主化。

当然，"文明力量"并非等同于和平主义。在非武力无法解决危机时，尤其是当所谓"人权"受到侵害时，德国也不惜动用武力，如参加没有联合国授权的科索沃战争。

（二）反对伊拉克战争

伊拉克战争的案例深刻地说明了这一点。2002 年，当美国宣布要对伊拉克动武时，正值德国大选期间，施罗德在未与其他欧盟成员国协商的情况下，明确提出反对向伊拉克动武，反对布什政府"先发制人"的对伊政策。时任社民党议会党团主席的约瑟夫·施蒂格勒将布什比作"患有权利饥渴症的罗马皇帝"，前司法部长格梅林则将布什与希特勒相提并论，引起了一场外交风波，德美关系随之也进入了冰冻期，施罗德和布什之间的私人关系被描写为"无法修复"。施罗德还联合法国、俄罗斯、中国等国要求延长联合国对伊武器核查的时间，并明确表态自己将不会参加美国发动的军事打击伊拉克的行动。

2003 年 3 月 20 日，伊拉克战争爆发，德国政府不仅坚决反对美国出兵伊拉克，而且还在随后的伊朗问题上也开始与美国唱反调。这个阶段的种种矛盾使德美关系降至了二战以来的最低点。德国学者和舆论普遍认为，美国对伊拉克发动先发制人的战争根本不符合《联合国宪章》中的自卫权原则。德国人之所以在这一问题上特别敏感，是因为德国人认为，现行的国际法和联合国宪章的基本原则来源于欧洲，它的源头是《威斯特伐里亚和约》。①该和约至今仍具有积极的现实意义。首先，和约承认国家主权平等和不受侵

---

① 威斯特伐利亚和约是 1648 年欧洲协议的总称。条约结束了西班牙荷兰八十年战争和德国三十年战争的局面。1644 年在威斯特伐利亚的明斯特和奥斯纳布吕克两个城市开始和谈。1648 年 1 月 30 日签订了西荷条约。1648 年 10 月 24 日的条约包括神圣罗马皇帝费迪南德三世、德国其他诸侯、法国和瑞典。英国、波兰、俄国和土耳其是未派代表出席这两次会议仅有的欧洲强国。引自《简明不列颠百科全书》，第 8 卷第 156 页。

犯为公认的普遍原则；其次，只承认单个国家的主权为最高主权，否认某种势力（力量）有超越国家主权、主宰或左右国际秩序的权力。在当时这是针对教皇和德意志神圣罗马帝国皇帝的，在当前可以理解为针对霸权主义；第三，该和约致力于维持欧洲国际关系的均势状态，即大国之间的战略平衡。实际上它承认了国际关系的多极化格局。和科索沃战争不同的是，美国的伊拉克战争以推翻合法的萨达姆政权、实现中东地区"民主化"为目的，把中东地区变为美国的势力范围。从德国人的角度来看，美国的做法在国际法上显然背离了欧洲传统的价值观，与德国主张的国际关系法制化原则背道而驰。

文明力量这一概念在德语中的原文是 Zivilmacht，其中 zivil 一词既有"民事的、非军事的"含义，又与"文明"相关。这里的"文明"，来源于社会学家诺贝特·埃利亚斯（Norbert Elias）关于中世纪和现代社会初始阶段欧洲社会文明化进程（Zivilisation，civilisation）的研究。埃利亚斯提出："解决冲突的武力形式随着现代社会的形成不断受到抑制和挤压"，主要原因有三点：一是武力集中在国家，二是解决冲突的其他方法逐渐制度化，三是禁止使用武力的观念日渐深入人心。社会分工的发展潜力也因此得到发挥，并且以社会关系的可预见性和非暴力性为基础。

（三）德、日、美三国外交政策比较

以毛尔为首的课题小组在 1994 年 4 月到 1997 年 10 月的三年多时间内，对德国、日本、美国三个国家在 1985 年到 1995 年这十年间的外交政策实践进行对比，剖析了各国外交策略及其外交关系的文明化过程，公布了《德国、美国和日本的外交策略 1985—1995：三国文明化进程的比较研究》，系统地提出文明力量理论及其主要论点。该报告内容主要分为三个部分：首先，对国家关系中的角色理论进行介绍和界定，采用角色理论是因为它关注的对象是国际关系的行为主体。其次，提出了"文明力量"作为一种角色模式，阐述了文明力量角色的概念和界定。第三，对文明力量角色模式的解释能力加以评述。该研究认为在国际社会无序状态下，利用文明力量角色模式作为解释路径，可以考虑到制度化合作的形成与维护，能够超越单纯从利益考虑的角度出发来解释主体行为，引入"价值、目标、原则和理想"等观念性因素来解释主体行为。这一报告的发表，对文明力量理论进行了比较全面、系统的论述，明确提出了作为一种角色模式的"文明力量"的定义和范畴。

以毛尔教授为代表的德国学者认为："德国在复杂的国际政治环境中，在应对自身角色变化所带来的新挑战过程中，始终作为'文明力量'这一角色做出反应。"德国作为"文明力量"的特质内化程度更深，并且展现了高度的连续性。日本的情形也类似，但是其作为"文明力量"角色的程度稍弱。美国的外交政策在这十年间（1985—1995年）也包含了"文明力量"的要素，但是总体上看，基于传统大国强权的外交政策却显得不稳定，且野心勃勃。

（四）文明力量外交政策的内涵

文明力量作为外交政策的理想类型，涵盖了其特有的对外交政策的自我理解以及特有的目标、策略和国家外交政策的手段，通过这一理想类型可以解释国家的外交行为。文明力量有三个维度：其一，文明力量是一种行为主体，并且是要求参与建构国际关系的主题，在目标和策略上同传统大国有所区别；其二，文明力量是一种特别的角色模式，是外交政策价值导向和外交政策风格的一种特殊形式，目的是推进国际政治的文明化进程；其三，文明力量也是实现外交策略的工具，拥有特定的手段。

该理论认为，规范、价值观还有观念自身所具有的活力决定了一个国家对本国外交政策的理解，并最终导致一国的外交实践。角色理论没有忽视国家利益，以文明力量为导向的国家也追求自己的国家利益，但是国家利益直接受到价值观和规范的影响，是集体学习过程的结果。对于角色模式为"文明力量"的国家而言，恪守规范和价值观与追求国家利益、目标并不矛盾，因为目标和利益产生于规范和价值观的交集，在原则上从属于规范和价值观。

作为一种行为主体的"文明力量"，被定义为"外交政策角色模式和角色行为所追求的目标、价值观、原则、影响力的形式以及运用武力的手段，都为推动国际关系文明而服务的国家。"①

作为一种外交政策角色模式的"文明力量",被定义为"有能力和意愿去建构国际关系,并使用特定的手段来实现目标,即有能力和意愿来推进国际关系的文明化。"②

作为文明力量,其外交政策的行动准则有如下几条:

1. 在解决国内冲突和国际冲突时尽量减少或者避免国家有组织地使用武力;

2. 国际关系更确切地法制化和规范化;

3. 深化多边合作,创立多边决策机制以推进国际秩序的合法化。而国际秩序的基础是基本价值观如自由、民主和市场经济;

4. 在全球范围内促进社会公正和公平;

5. 加强控制和实现普遍规范的机制建设,并愿意让渡部分主权;

6. 解决冲突的渠道化,在特殊原则和条件下才能使用军事武力。

要考察一个国家是否处于"文明力量"的角色模式下,是否在外交政策上以"文明力量"的规范和价值观为导向,是否在外交实践中采用了"文明力量"的外交手段,要从六个方面来考虑。

1. 建构意识

"文明力量"要求在自己所处的地区环境中以及全球环境下参与建构国际关系。但是这种要求并不以成为单独的领导力量为目标,而是意在通过集体努力或者伙伴式的努力来打造未来的发展,在努力过程中,发挥自身的能动性,以带头人的角色起到示范作用。

2. 国内目标

"文明力量"的国内目标除了保证安全这一基本需求之外,主要是追求实现国家富裕、社会公平和民主的稳定性。"文明力量"的外交政策始终明

---

① Maull, Hanns/Kirste, Knut/Harnisch, Sebastian: Deutsche, amerikanische, japanische Aussenpolitikstrategie 1985 – 1995, 1997, S. 22, http://www. deutsche – aussenpolitik. de/resources/conferences/wirt. pdf, letzter Zugriff: 2014 – 04 – 09.

② 同上。

确保证民主的、社会福利国家的内政优先。"文明力量"实质上是寻求将国家内政已经实现的文明程度转移到国际关系领域。

3. 国际目标：组织目标

国际政治的文明化对于作为"文明力量"角色的国家而言是一项任务，旨在使政策具有民主连贯性以及应对相互依赖的风险。具体地说，是努力推动国际社会的组织形式、规则和程序更新，同时加强推行和实现普世价值。"文明力量"致力于追求国际政治的组织分工，将让渡部分国家主权视为必要的前提条件。因此，承认国际规范也被视为是"文明力量"必须具备的条件。

追求国际社会的建立以及不断进展的国际关系的法制化和制度化也服务于国际关系的文明化。"文明力量"认为国际社会和机制是解决冲突最合适的形式，包括支持国际机构任何形式的深化（以提高效率为目标）和扩大国际合作的机制化（以进一步的合法化为目标）。与此紧密相关的还包括支持国际关系的法制化以及对国际法的贯彻实施。除此以外，"文明力量"对于国际关系组织形式的追求还体现在对联合国扩大和深化的支持上。

4. 国际目标：内容

"文明力量"的国家利益被视作与其他国家紧密相关，普世价值（如人权）被视作是国家利益的组成部分。"文明力量"明确宣称执行以价值观为导向的外交政策，包括支持和推动其他国家的"良政"。推动民主化进程，推动法治国家和民主多元化，推动多边参与和市场经济的结构，也属于"文明力量"的外交政策目标。要实现这些价值观，一方面要保证有利条件的存在，另一方面也需要进行集体制裁：干涉是最后的选择，并且严格取决于相关的合法性，也即必须通过联合国安理会的决议。从原则上说，"文明力量"并不排除干涉他国内政的做法。为了帮助文明化进程在世界范围内取得进展，必须创造出前提条件，让国与国之间能够以文明的方式互相交往。将在欧洲经合组织领域广泛存在的框架条件，扩展到欠稳定、欠发达地区，也是"文明力量"的一个目标。分析以"文明力量"为导向的外交行为还要特别注意到对世界范围内经济发展的平衡性、社会公平与公正、环保发展的平衡性的追求——这些目标可以用"可持续发展"来概括。

5. 外交政策的风格：特殊的外交政策行为模式

"文明力量"除了角色模式和行为主体两个维度外，还有一个维度是执行外交政策的独特手段和风格。其前提条件是，在所有国家行为的重要政治领域，单独行动无法成功地实现国家目标。从这个角度看，外交政策的艺术在于通过国际合作来实现所追求的结果。然而，合作只有国家让渡了部分主权并且机制化以后，才有较大机会实现目标，实现有效的组织。这一点对于民族国家传统上自行解决的核心范围也适用，即安全政策领域。它意味着将影响深远的、伙伴合作行为以及集体行为变成一种规范。从反面来看，"文明力量"也明确拒绝单边行动，并且明显倾向于通过谈判、妥协、调停和仲裁程序来解决政治问题，体现了一种特别的外交政策的冲突文化。原则上拒绝使用武力——不管是涉及个人或者集体的自我防卫，还是集体和集体授权的强制措施。"文明力量"需要支持它们推进文明化努力的伙伴。"文明力量"与自己伙伴之间的关系不仅仅以现实的物质利益为基础，而且还包含着情感和规范的要素。合作和机制在"文明力量"的眼中是"价值共同体"；合作伙伴要团结。"文明力量"的外交政策风格还包括：愿意对违背国际规范的行为集体制裁，并且在国际社会的此类措施上参与施加影响。

6. 文明力量的外交政策手段

"文明力量"对于武力的威胁和运用持怀疑态度，认为使用武力会带来问题，不具有建设性。因此，"文明力量"更愿意采用政治手段（广义的谈判）、限制条件（Konditionalität）和制裁。个体的防卫和集体防卫，出于集体安全考虑对违法者采取的军事措施，譬如联合国安理会通过的决议，也能让使用武力具备合法性。"文明力量"绝不是和平主义。"文明力量"偏好国家共同体对付侵略者的措施，也即以集体安全的体系为基础。鉴于现实的问题和该体系的不完备性，文明力量将集体安全措施视为安全政策的原型。文明力量采取多边参与的方式，采取统一的手段，通过集体决策获得合法性，然后投入行动。

二、对中国文明力量角色的认同

在"文明力量"理论中，德国学者明确称中国是一个反论点（Antith-ese），在与德国学者的交流中，笔者得出这样的结论，即中国自古以来的"文明古国"之称和德国的"文明力量"角色虽然都有"文明"二字，但二者内涵却相去甚远。"文明力量"理论中的文明主要是指确立西方民主制度、市场经济制度、人权等基本价值。中国是社会主义国家，正在从计划经济向市场经济转变，仅仅这两点就决定了中国并没有与"文明力量"角色相符的先天条件，加上意识形态和制度上的差异，被归到了该理论角色的对立面。德国的对华政策也因此具有丰富的价值观输出的内容，力图通过各种形式让中国接受西方式的民主。

在过去二十年中，中国因为改革开放发生了翻天覆地的变化，中国向世界展示的经济活力使得德国意识到中国在 21 世纪的重要性。中国的巨大市场、廉价劳动力都召唤着德国经济界。然而，不仅在德国，包括在整个西方世界，除了从经济上认为中国能带来利益和好处之外，对中国的整体印象是：中国的崛起是一种威胁，中国崛起必然要求获取更多的权力。因而，德国对华政策始终处于这样一种矛盾之中，一方面希望德国打开中国市场，另一方面对中国崛起又充满不安和怀疑。红绿联盟时期的对华政策主要被视作是对外经贸政策，经济因素占据了决定性作用。

（一）德国对华外交中的观念因素

德国政府的外交政策深受建构主义与文明力量理论的影响，重视观念性因素的作用。默克尔总理 2005 年上台之初就向西提出"价值共同体"、在欧盟力促统一能源、环境政策，向东提出要以"我们的价值观去影响欧盟边界以外的各种挑战"。显然，德国开始从冷战后的美国手中接过向西方体系之外发起价值外交攻势的接力棒。尤其从 2007 年下半年开始，德国政府对华的价值外交出击意图明显、表现积极；态度作风直来直去、不留余地；挑战领域广泛多样；手段运用刚柔并济、以刚为主。默克尔的价值观外交着力推动和宣扬的是西方的民主、自由等价值观，并没有给予其他不同的价值体系以足够的尊重，并且很明显地视中国为潜在的威胁，不希望中国加快发展，不希望中国成为欧洲商品的竞争者，只想将中国作为欧洲商品的原料产地和销售市场。

出任外交部长的社民党人施泰因迈尔（Steinmeier）和社民党普遍支持继续"轻言细语"的政策，联盟党则持有相反的意见，2007 年 10 月，联盟党通过并发表了一项亚洲战略，题为"亚洲作为德国和欧洲的战略挑战和机会"。亚洲被视为挑战，那么伙伴只能是具有共同价值观的西方国家，德国必须更坚定地坚持自己的价值观："我们必须避免让亚洲的崛起变成我们的衰退。"联盟党的这一亚洲战略符合基督教对人权和社会的基本理解，也符合联盟党的价值基础。

默克尔总理就任后，多次在公开场合批评中国的人权状况。在德中关系中存在较大分歧的问题上，施罗德政府倾向于点到为止或者忽略的风格，但是默克尔政府认为这样的对话政策必须加以修正，因此在访华时，她十分直接地谈到人权、知识产权保护等敏感问题。2007 年 8 月，默克尔上任后第二次访华，在人权和知识产权保护问题之外，她还谈到了环保、资源、新闻自由等问题，认为中国在环保方面应当以发达国家为标准，中国应当推动非洲发展民主政权，中国应开放媒体自由。2007 年 9 月，她不顾中方的强烈反对，在总理府以总理身份接见被中国政府视作民族分裂分子的达赖，高调显示对中国人权、宗教自由的"关心"。2008 年 3 月，西藏事件发生后，德国立即宣布总理和外长都不出席北京奥运会开幕式，作为对西藏事件的回应。

德中关系一而再再而三地受到伤害，中国政府采取了一系列反制措施，包括冻结两国副外长级官员的战略对话，取消中国外长杨洁篪和德国外长施泰因迈尔在联大会议期间的早餐会，取消了德中法治国家对话。中国企业家也拒绝参加法兰克福的中欧商务会议，德中经贸关系的发展受到不小的影响。德国国内外的批评声越来越大，其中最有代表性的是当时的德国外长施泰因迈尔，他曾公开批评说："愚蠢的外交政策给德国国家利益造成损失"。德国的企业界眼见法国企业同中国签订了价值约 200 亿欧元的订单，作为欧盟内中国第一大贸易伙伴，德国企业却一无所获。经济界、外交界和媒体界有越来越多的人开始质疑默克尔的"价值观外交"。价值观外交在对华关系中遇到的挫折，加上随后而来的欧洲债务危机，德国亟须中国伸出援手，帮助欧洲走出困境，因此，默克尔政府在对华关系上开始有所调整。

第三节 德国外交转型的方向：建构力量

一、"文明力量"国家

德国外交价值观的主要理论来源是德国学界自20世纪90年代以来兴起的身份认同理论和文明力量理论。统一后德国一直强调在世界上要做"文明力量"国家，认为单靠武力不能从根本上解决冲突，这一理念尤其对90年代以来德国外交政策的制定产生了很大影响。按照"文明力量"理论观点，不以武力来解决冲突，努力使动用武力解决政治冲突的做法最小化，强调武力是解决冲突的最后手段，强化国际法和多边国际制度，提高把主权让渡给国际组织的积极性，推动国际关系的民主化和法制化。这既是对历史经验和教训的正确总结，也是现实的必然要求。欧洲各国都希望用集体组织（如欧盟和北约）来限制并监督联邦德国的行动，因此德国也更乐于在集体中发展自己。这两大理论都源自建构主义，对德国外交决策起到了重大影响。2013年11月7日德国外交政策网站公布了联盟党和社民党在当前组阁谈判中批准的德国外交政策战略文件，提出德国将推行"进攻性"外交政策，从中可以窥见新大联合政府外交政策的端倪：

（一）从防御性外交政策转为进攻性外交政策，要"重新衡量"德国的国际政策。

（二）从文明力量（Zivilmacht）过渡到建构力量（Gestaltungsmacht），参加世界建构，参与全球范围的任一干预。

（三）从区域走向全球，提出参与建构世界，要成为世界强国，要更经常、更果断地领导世界。

（四）从军事是最后手段变为强军，要提高欧盟的军力，要提出《欧洲防务白皮书》，要竭尽全力"阻止欧盟军力的式微"，并要通过提供训练计划，帮助其盟友强军。

（五）要在全球代表德国的价值观，强调亲西方导向。要加强同亲西方的地区和国家联盟的合作，如东盟和拉美加勒比共同体的合作。

（六）要坚持国家利益，实行外交重点调整，推行双重战略，欧盟的伙伴关系＋地区强国，如印度、印尼、南非、巴西、墨西哥，要实施分层次结盟政策，要强化在阿拉伯地区的存在，对欧盟既维护又挑战，强调应成为"全球的掌权人，而不是全球出钱人"，欧洲只有用一个声音说话才有人听，但必要时可以不顾欧盟。

（七）要加大对中国的研究，建立欧洲最大的中国研究所，集中研究中国的政治、经济、社会媒体和当代文化以及创新与环保等四个重点，负责人是特里尔大学的哈特曼教授（Hartmann）。

（八）德国这么做的基础：人多、居中，反对低三下四。①

二、德国对华外交政策

德国外交政策中的价值观念对德中关系同样也产生着影响。其价值核心就是以西方为中心，以西方为楷模，天下归一于西方，主张让渡主权，宣扬德国以及西方的自由、民主、人道、人权，因而始终是德中关系的一个干扰因素。在德国最近几届政府任期内，最显著的便是攻击中国模式和德国总理默克尔在总理府接见达赖喇嘛，以此来推行西方的民主人权价值观，致使德中双边关系受到严重影响。

德国从一片废墟发展为世界上最发达国家之一，中国也从贫穷落后的国家发展成为发展中的世界大国，综合国力和国际影响力都在逐步上升，在国际上引起了深刻的反响。德中两国均视对方为重要的合作伙伴，都很看重对方在世界上的作用，双方都意识到对方的举措对自身发展的重要性。随着中国经济总量超过德国，德国的身份定位发生变化，产生一种失落感，对对方

---

① Offensiver Ansatz in der Au? enpolitik; www. tagesspiegel. de 05. 11. 2013.

和自己的认识都有了相应改变，德国外交中价值观和国家利益之间产生了更多的矛盾，也因而影响到两国关系。

德国外交政策在文明力量理论的影响下，认为中国不是西方式民主国家，缺乏西方的民主、自由、人权等价值观，是德国国际角色"文明力量"的对立面。尽管中国是千年文明古国、礼仪之邦，奉行和平发展道路，也不能算是"文明力量"。德国政府对中国推行价值观外交，导致中德关系遭遇挫折。在德国政府提出的德国作为建构力量的方案中，德国和中国、巴西等新型国家一起被称作是"建构力量"，这种转变是在欧债危机背景下出于现实利益的考虑，也是德国奉行更积极的外交政策的结果。

三、建构主义外交

在建构主义国际关系理论范畴内，观念决定身份，身份决定国家利益，进而左右着国家的外交政策。具体到中德两国的互视中，德国对中国的认同对于德国的对华政策基调起着关键作用。在冷战时期，德国认为中国属于敌对阵营，对华政策在很长一段时间内都以政治和意识形态对峙为特点。中国改革开放的进行增强了中国的实力，改变了中国在国际舞台上的地位，德国对中国的认同也发生了改变。本文将从德国外交角色理论中解释力最强的文明力量角色出发，考察默克尔政府三届任期内德国外交政策对中国的认同。

在欧债危机的背景之下，黑黄联盟政府就德外交导向问题提出了"建构力量方案"，这里的建构力量用的是复数形式（Gestaltungsmächte），指的并非某一个国家，而是一类国家。

德国前外长韦斯特韦勒对此解释到："西方世界必须习惯不再手持指挥棒的感觉，欧洲人常常对全球化怀有担忧，但这是一个机会，世界正在转型中，德国必须适应这种转变。"在他的建议之下，德国政府通过了新的外交主导方针——加强同中国、印度、巴西、墨西哥和南非的关系。在韦斯特韦勒的阐述中，核心概念是"建构力量"。这里的建构力量不仅包括经济快速增长的金砖国家——巴西、俄罗斯、印度、中国和南非，也包括正在蓬勃发展的国家如哥伦比亚、越南或者土耳其，还包括因为人权状况常受德国批评、资源丰富的哈萨克斯坦（发展与德国的能源和原料伙伴关系）。有媒体将此解读为韦斯特韦勒外交政策的一大特色，认为此前德国外交政策在实质上一直由经济利益决定，但政府并未公开宣扬，韦斯特韦勒的发言是德国坦率提出经济利益的体现。德国人权研究所的所长贝亚特·鲁道夫（Beate Rudolf）认为这一方案存在一个薄弱环节，即人权所占的地位不够突出。韦斯特韦特并不希望看到对外经济促进和民主促进之间矛盾，他奉行"以贸易求变化"的信条，坚信只要经济关系繁荣发展，人权促进就一定会站稳脚跟。在国际问题上，韦斯特韦勒和美国不希望金砖国家插手不同，认为"建构力量"应当承担更多国际责任。

2012 年 2 月，德国政府颁布的战略文件中是这样定义建构力量的：他们是经济火车头，他们对所在地区的合作影响较大，他们在其他地区也发挥作用，他们在国际决策过程中起着越来越重要的作用。他们在国际关系中自信地找到自己的位置，对全球问题承担越来越多的责任。对此，德国学者艾伯哈特·桑特施耐德教授认为："德国基本上符合这一角色定义。德国不仅认为自己是建构力量，也视巴西、中国等伙伴为建构力量，这种认同将会对国家之间的行为产生影响，从而影响了国际关系的建构。"建构力量的特点在于：

（一）主要出于地缘经济的利益出发来解决全球问题，并不从地缘政治利益出发；

（二）优先考虑多边合作来维护自身政治经济利益和军事利益；

（三）比较克制地使用权力，对外部期待回应较强，不单独推行强权政策；

（四）使用否决权时不会因为利益问题退缩。

同时他也指出："中国是一个建构力量，而且是解决任何全球问题都无法回避的力量，中国是一个正在崛起中的大国，德国必须同中国'共同进化'。"在文章中，桑特施耐德教授看到了中国的发展现状和发展潜力，也看到中国在国际关系中正变得越来越自信，他认为德国应当积极同中国合作，使得"脆弱的"多极化趋势得到加强。

提出文明力量理论的毛尔教授对黑黄联盟政府的建构力量方案给出了自己的见解。他认为："在责任问题上，需要明确界定德国外交政策的目标、战略导向、手段、如何动员社会资源。"在利益问题上，国家利益有固有部分，也有其时代成分，德国应当结合二者来评估成本收益。

汉斯·皮特·施瓦茨（Hans–Peter Schwarz）教授称国家利益是指南针，其左右着国家的外交和安全政策决策。国家根据国家利益来建构自己的外交政策，在国际关系的实践中，利益常常被优先于思想和价值观考虑。利益的优先性过于强调国家的理性行为，以利益为导向的外交政策易被视作是自私的选择性政策。为了让利益也能在道德伦理上站稳脚跟，利益和价值观应在外交政策中呈现出互补性。

这种导向使得默克尔政府在对中国的认同上逐渐发生了转变。中国不再是站在德国"对立面"、作为文明力量角色反论点、给西方模式造成所谓"威胁和困扰"的一个国家，而是一个经济蓬勃发展、拥有巨大潜力、应当共同建构国际关系的一个战略伙伴。

四、中德贸易

2010 年 7 月 15 日，德国总理默克尔访问中国时，中国与德国签订了中德战略伙伴关系。这就意味着两国应该从战略的、长期的眼光，从全球和全欧洲的角度来看待、分析和处理彼此的关系，理解并尊重彼此的身份定位，严格尊重彼此的核心利益和重大关切，加强沟通，深化政治互信，加强在带有战略性的重大国际和地区问题上的磋商和协调，扩大各领域的战略伙伴关系，正确处理双边的分歧、矛盾和摩擦，建立长期、稳定、友好、和谐和可持续发展的合作关系。

在默克尔的第二、第三届任期内，德国政府积极推动双边经贸关系良好发展，2010 年，中德之间的贸易额已达到 1424 亿美元，约占中欧贸易总额的 30%，超过了中国和英国、法国、意大利三国的贸易总和。中国已经成为德国在欧盟之外最大的贸易伙伴和全球最大的进口国，两国贸易额从建交之初的 2.74 亿美元上升到 1691.5 亿美元，增长了 617 倍。2011 年德国来华人数为 63.7 万人次，中国公民到德国旅游人数达 40 万。在德国的中国留学生近 3 万人，在中国的德国留学生超过了 5400 人。

在政治领域，法治国家对话和互访机制继续发挥作用，加强交流，加深相互之间的理解，同时，2010 年温家宝总理和默克尔总理还商定建立了中德政府磋商机制，并与 2011 年 6 月启动该机制，进行了首轮中德政府磋商。这是中国首次同外国政府建立类似机制，并且也是中德之间级别最高、规模最大、议题最广泛的政府间对话。2012 年，中德两国总理在北京会谈中就反对贸易保护主义，通过对话协商解决包括光伏产业在内的贸易摩擦，避免采取反倾销、反补贴措施达成一致。

默克尔总理多次访华，在 2014 年 7 月，她在九年之内第七次访华，并且第一站选择在成都参加中德对话论坛，凸显出中德关系的密切，展示了德国总理希望进一步深入了解中国全貌的意愿，预示着德国未来与中国的经贸合作可能会推进至中国西部地区。

中国从文明力量角色的"对立面"变成与德国平起平坐的"建构力量"身份，这种转变清晰地体现了德国对中国的认同发生变化，伴随这种变化的还有德国对自身角色认同的变化。德国海德堡大学政治系的哈尼施（Har-nisch）教授称："这是德国在对华关系中的一种新的尝试，在经历了欧债危机和中欧光伏贸易摩擦之后，中德之间的双边关系经受了考验，得以进一步向前发展，将中国作为全面的战略伙伴，有助于更好地在对华关系中规避潜在矛盾，有利于与中国深入开展合作。"笔者认为，从更深层次的原因分析，这种转变是德国自身作为建构力量参与建构国际关系的战略转变，与德国外交的积极转型并行不悖，在欧债危机的影响尚未完全消除、乌克兰危机影响深远的背景下，研究德国外交政策对中国的角色定位具有较强的现实意义，值得长期关注。

第四节 德国外交政策中的中国角色演变

一、中国同东、西两德的关系

自第二次世界大战结束后，德国对华态度或对华政策随着国际环境的变化，经历了较大调整，对中国的定位从最初"制衡苏联"的力量，转变为战略合作伙伴，再进一步升级为和德国共同合作建构全球化的"建构力量"。

第二次世界大战结束后，中国和民主德国在建国后很快就互相承认并建交，联邦德国由于奉行"哈尔斯坦主义"，不与同民主德国建交的国家建立外交关系，因此很长一段时间内中国和联邦德国没有正式的政治接触。在这一时期，联邦德国对中国的态度很明显地体现在阿登纳总理的回忆录中。当时，苏联领导人赫鲁晓夫对他说："俄国人首先要提高本国人民的生活水平，其次要像美国那样扩军，第三个问题是中国怎么办？他表示，俄国能解决这个问题，但是很难，需要请联邦德国帮助俄国来对付中国。"在阿登纳和戴高乐的对话中，戴高乐问是否有兴趣同中国建立联系，阿登纳回答说："不应当同中国建立官方联系，但是要去弄清楚俄国对中国做什么，对东西伯利亚来说这意味着什么。既要关注中国，又不用操之过急。阿登纳最后强调，最大的兴趣在于俄国人和中国人互相对付，中国让俄国发愁。"

1964 年初，中国关于联邦德国的报道基本客观属实。当时的外交部长陈毅在被问及中国和联邦德国的关系时，没有采取强硬的口气，而是谈到了"两个德国的和平统一"。这个信号，以及苏联在德国统一问题上不松动的外部条件，使得联邦总理路德维希·艾哈德在 5 月中旬同意了格哈德·施罗德的请求，统一和中国政府代表建立直接联系。联邦政府的目标是，通过尽可能秘密的接触，为德国问题的解决带来更多空间，在柏林问题上赢得中国政府的支持。联邦德国的联盟党希望同中国的联系能够对其他社会主义国家的德国政策起到示范效应，有意识地利用苏联和中国之间的矛盾。而社民党则有不同看法，勃兰特总理在 1969 年 3 月 9 日接受记者采访时说道："德国并不希望利用中苏之间的矛盾，基于地理原因，中国对于世界的发展十分重要，而德国问题的解决也不可能脱离苏联或者在对抗苏联的情况下实现。"他指出："联邦德国和中国之间的贸易往来并非无足轻重，德国经济界非常看好中国市场，但是没有正式的双边关系，没有贸易条约，没有德国代表处，双边贸易无法得到长足发展，因而德国很有兴趣同中国建立联系，推动贸易繁荣发展。"此外，他认为中国会在未来起到非常重要的作用，不光是在亚洲，而是在全世界，中国会很快融入国际世界，对于亚洲的稳定和发展至关重要。因此，联邦德国不应当去利用中苏之间的矛盾。

二、中国对德外交的转变

20 世纪 60 年代末中苏关系恶化之后，中国展现出接近西方的兴趣，美国外长基辛格 1971 年访华，美国总统尼克松 1972 年访华。基辛格强调了美国和中国改善关系的重要战略意义，不再将中国作为敌对形象。除了希望中国支持结束越南战争以外，美国也希望进一步利用中苏交恶的机会。美国的新地缘政治思想提出建立一个战略三角：美国、苏联和中国，其中美国要占据最有利的位置，以扩大其外交空间。此时，美国从反对联邦德国接触中国，变成了乐于推动的态度。1971 年，中国加入联合国，在国际上成为中国的唯一合法代表，此时与中国接触不用再担心会对德国问题的解决有负面影响，同时中国作为联合国安理会常任理事国，有可能会阻止民主德国加入联合国。

中苏关系自 1982 年开始再度接近，因此西方国家的"中国牌"也随之失去了战略意义，中苏之间的对话给西方国家带来的一定的担心。由于历史原因，也由于中国当时的民族自信心增强，中苏之间不可能再次结盟，同时，自 80 年代中期起，戈尔巴乔夫时代西方和苏联关系改善十分明显。

这时，德国的在野党和执政党关于中国的讨论逐渐趋近。双边问题，特别是在经济、科学、技术和文化方面的合作日益凸显。中国被视作是充满希望的发展中国家，为德国经济提供了更广阔的发展机会。

制度问题变得越来越不重要，意识形态的差异退到次要地位。对联邦德国而言，意识形态问题并不是首要问题，但德国也会时不时地批评中国的人权状况。很多政治家认为，可以通过经济关系的发展改变中国的社会主义制度。

（一）德国推进亚洲战略

德国重新统一之后，1993 科尔总理进行了一次亚洲之旅，看到了亚洲的重要地位和市场潜力。德国出台了亚洲战略，制定了德国对亚太地区的战略目标。具体而言，指充分利用亚太空间，建设互利的伙伴关系。同日本和美国相比，德国在亚太地区的存在感偏低，需要加强，德国利用对外经济政策（主要是直接投资）来加强在该地区的优势，巩固在亚洲的战略地位。

2002 年，德国再次出台了一份亚洲战略，此时德国已经认识到亚洲国家和文化的多样性，提出应当为区域大国出台专门的具有针对性的政策，如对中国应当有独立的对华政策，不同的地域文化所致的外交利益、目标和手段都不尽相同。德国外交比较强调民主、法治国家和人权作为目标。德国政府看到中国的政治经济影响力日渐增强，希望推动中国尽快融入国际社会，在和中国进行经济合作的同时，还想扩展到安全政策、人权和发展援助政策等领域。

（二）施罗德时期

在施罗德总理任期间，中国和德国开始进行定期的法治国家对话。2001年6月，中德两国签署了一项包括18个项目的两年实施计划，以具体落实上一年两国达成的法律交流与合作协议。2001 年 10 月底，施罗德总理第三次访华，和中国领导人就联合打击国际恐怖主义、谋求建立新的国际安全架构、深化中德两国各方面的关系进行了协商，取得了积极成果。德国十分重视中国的国际地位和影响，认为中国具有世界大国的地位，中国在国际社会中的责任与合作对世界的和平与稳定起着决定性的作用。德国的政治家多次强调中国的重要性，提出要了解世界的未来，必须先了解中国。

（三）默克尔时期

自 2005 年默克尔总理上台以来，中国希望德国对华政策能够保持连续性。解放军报当时发表了评论文章，称中国从德国获得了最多政府贷款、金融援助和技术转让，中德贸易占中欧贸易总额的1/3，非常希望这种良好的发展趋势不会发生任何变化。然而，默克尔总理的黑红联盟政府在外交政策上进行了一定的调整，重新强调价值观，特别是西方价值观为导向。黑红联合政府执政协议中是这样描述德国外交政策的，德国的外交政策、欧洲政策和发展政策共同旨在世界和平，使德国利用全球化的机会，组织和解决国际冲突、打击国际恐怖主义、减少贫困。实现这一目标的基础是基于德国盟友和伙伴信任的外交政策、欧洲政策和伙伴政策。德国的外交政策以尊重国际法、尊重人权、广义的安全概念为基础。同时，德国会加强在亚洲政治、安全政策和经济方面的作为。除了德日关系之外，主要发展德中和德印的长期伙伴战略。德中法治国家对话的目标是加强中国的民主、法治国家性和人权。

2005年11月11日，中国国家主席胡锦涛访问德国，表示了中国继续推动中德关系发展的意愿。默克尔表示，德国同中国发展长期稳定的关系对德国而言非常重要，德国新政府将会继续科尔时期的对华政策，加强双边政治对话，落实已经商定的合作，寻求新的合作机会。此后，中国两国领导人互访频繁。同往届总理一样，默克尔访华的重点也放在加强德中经贸关系上。然而，默克尔总理不愿意淡化其他方面，因此在对华政策中凸显了两个具体的主题：老话题人权，新话题知识产权保护。在人权方面，默克尔政府比施罗德政府的立场更为鲜明。她不仅批评美国和俄罗斯的人权状况，也在中国之行中明确表示，人权问题是德中合作必不可少的一部分。同时，德国行业顶尖的企业同中国的纺织工业达成了保护知识产权的协议。

2007年，默克尔总理在总理府接见了达赖喇嘛，意图展现其对民主自由的坚持和宣扬，但却给德中关系带来危机。德国经济界努力保留中国市场，敦促政府改善同中国的关系。在各界人士的努力和沟通之下，双边关系逐渐缓和。

这一波折使得默克尔政府在第二届任期内的对华政策有所调整。黑黄联盟政府的外交政策仍旧以民主、人权、法治国家性和市场经济秩序为基础，推行以价值为导向的、利益主导的外交政策。黑黄政府的联合执政协议中指出，在 21 世纪全球化的世界中，德国将西方思想作为德国外交政策的基础，将西方的机制作为德国外交政策的平台。在全球化时代，西方必须更加紧密团结，实现自己的利益和共同的价值观。德国会和重要伙伴如中国、印度日本一起，寻求解决国际冲突和危机的办法。德国会继续同中国进行和深化法治国家对话，加强亚洲国家的政治参与度。

第五章

中德媒体如何认知对方——案例分析之一

第一节 主流媒体的报道倾向

一、新闻网络媒体

根据传播学中的规范理论，在现代社会里，大众传播媒体充当着价值观念、道德伦理的选择者和创造者的角色。也就是说，电视媒体和其他媒体通过"建模"，在受众的观念中形成一种可以学习的，一种能解决问题的方式方法等，从而树立一种文化规范。媒体提供的阅读内容既影响到社会的价值取向，更对塑造什么样的社会风气影响深远。大众媒体对大众的影响是潜移默化的。

人们习惯上把新闻媒体称为同议会、政府、司法并存的"第四大权力"，对政府、各类官员、商业，可以说对各行各业的违法或不公正的事件起到监督的作用。西方媒体是西方人的喉舌，媒体的宣传力量让人们注意自己的言行。西方媒体内容涵盖方方面面，从而控制社会舆论的中心和舆论导向，达到左右社会舆论的目的。联邦宪法法院强调指出："自由的、不受公共权力操纵、不受检查的新闻工作是自由国家的基本因素"。在大众媒体尤其是在互联网迅速发展的环境下，大众媒体的影响力正渗透到社会公众生活的各个领域，可以说是无孔不入。联邦宪法法院所说的"新闻自由"也是相对的，而不是绝对的。

德国 1949 年通过的《基本法》规定新闻自由的合法性，并禁止进行新闻检查，成为媒体发展的一大保障。《基本法》第五条自由发表意见的权利，其中第一款规定："每一个人都有以语言、文字和图画自由地表达和传播自己意见的权利"。德国社会学家乌·冯·阿勒曼认为，如果没有来自公众舆论的监督，仅依靠法律体系、议会等力量，德国社会不会像现在这样清廉。德国公共舆论被称为"第四大权力"，影响最大的媒体是新闻杂志和公共广播电视，这类媒体多有自己的调查性专题，这些调查性文章起着对国家权力和商业权力的监督作用。还有互联网、博客、微博、微信现代媒体等。其中以《明镜》和《焦点》杂志影响最大，前者发行量达到 100 万份左右，后者也有 80 万份上下。《明镜》周刊创办于 20 世纪 40 年代末，创办人鲁道夫·奥格施泰因（1923—2002）是德国赫赫有名的记者和新闻斗士。半个多世纪以来，《明镜》周刊经常报道和披露一些腐败丑闻，受到百姓的欢迎。

（一）媒体监督

在媒体的作用中，其监督作用尤为突出。今天大众媒体舆论起到很大的监督作用。媒体监督是指报纸、刊物、广播、电视、互联网等各种媒体对违法违纪进行揭露报道、抨击分析、改进意见等，并对国家的各种廉政反腐建设进行宣传报道，对国家行政机关、司法执行进行监督。然而，媒体监督是一把双刃剑，缺乏监督或运用不当，也会对司法公正造成负面影响。媒体监督是法治国家建设民主政治的内在要求。民主政治意味着大众对公共政治的有效参与和对国家行政的监督。大众个体难以实现监督的权力，可通过媒体发表文章、记者采访行使监督的权利。德国电视 ADR 台每周日 13：15—13：45 有个栏目《一周新闻》，曾报到过《黑钱》的专题，内容是揭露德国政党在选举或其他一些事务上贿赂问题。纪尧姆事件就是由德国《明镜》周刊披露出来的。纪尧姆（Gunter Guillaume）原来在民主德国国家安全部下属的一家出版社工作。20 世纪 50 年代中期，根据上级指示，纪尧姆与妻子潜入西德并加入了德国社会民主党，他勤奋好学，善于交际。1969 年大选中，社会民主党胜选，他很快被提升为当时勃兰特总理的首席助理，西德和北约的大量机密悄无声息地流入到民主德国和华约组织。1974 年 4 月，纪尧姆的间谍活动败露，犹如石破天惊，在西德政坛上引起强烈地震，勃兰特被迫下台。

此外，1950 年联邦议会表决波恩为德国首都时的议员受贿丑闻；1962 年北约代号为"FALLES 62"军事演习，质疑联邦国防的防御能力；1974 年"纪尧姆事件"；1987 年石荷州州长受贿事件，导致长期执政的基督教民主联盟政府更迭；1991 年巴符州长由一家私营公司出钱旅游而被迫下台；1993 年联邦刑侦局长因一次缉捕行动失败和联邦内务部长辞职。慕尼黑黑钱事件，这是一起发生在慕尼黑足球比赛的丑闻。2002 年秋季赛前，沃勒库森队传出一件轰动的消息说，队长诺沃特尼和前主帅道姆同时被卷入一桩黑钱案。这事首先被巴伐利亚《南德意志报》披露出来。巴伐利亚是沃勒库森的死对头拜仁慕尼黑的所在地。诺沃特尼涉嫌偷税案。28 岁的诺沃特尼被称为德国球员的表率，平时他烟酒不沾，业余时间也只是打打乒乓球，玩玩电脑而已。德国媒体以前甚至开玩笑说："要是哪天诺沃特尼出点丑闻就好了。"就连诺沃特尼自己都承认："我是德国足坛上最不受注意的人。"世上没有不透风的墙。6 年前的 1996 年诺沃特尼从卡尔斯鲁厄转会到勒沃库森时收取了"好处费"还是被媒体暴露出来了，这是他万万没想到的。他刚做完手术，本想可以暂时躲开媒体好好休息一段时间，可是他收受贿赂的标题已醒目地出现在德国各大媒体上了。

据《明镜周刊》网站报道，去年因"房贷丑闻"而辞职的德国总统武尔夫又被曝感情破裂，与妻子分手，武尔夫不过让老关系给予房贷利息优惠，但由于试图干预媒体报道，引发媒体和公众愤怒而不得不辞职。"丑闻"爆发后，前"第一夫妇"之间的感情出现了问题，最终导致武尔夫如今妻离子散。媒体分析称，前"第一夫妇"感情破裂是武尔夫的"房贷丑闻"这一污点引发的外溢效应。这不得不令人感慨，德国人的"政治洁癖"让世人刮目相看。这几年，算上武尔夫，德国已有多个高官因为"丑闻"而下台。

德国政治"超级新星"古滕贝格，因博士论文抄袭而辞职一事，就是典型。2011 年 3 月，时年 39 岁的德国国防部长古藤贝格仅仅因为博士论文"未充分交代引用来源"，而被迫放弃博士头衔，重压下被迫辞职，远走他乡，定居美国，这颗政坛"希望之星"陨落时年仅 39 岁。古藤贝格后来曾打算在美国新罕布什尔州达特茅斯学院举办一场演讲，遭学生联名抗议而被迫取消。尽管古藤贝格是默克尔阵营里的新秀，在德国人气极高，很有可能成为默克尔的接班人，但媒体依然不放过这位风度翩翩的"希望之星"，不依不饶，还送给他"谷歌贝格"的绰号。压力之下，古藤贝格最终不得不辞职，搭上的还有其政治生命。事实上，"谷歌贝格"事件的德国还引发了"多米诺骨牌效应"，一些德国网民发起了检查知名人士学术文章的热潮。欧洲议会副议长、德国人西尔瓦娜·科赫－梅林就在这一过程中"中招"，被曝涉嫌论文剽窃，作为欧洲议会最年轻的女副议长最后不得不黯然辞职。科赫·梅林 1970 年出生，政治前途原本一片光明，辞职后坚持一年多，希望东山再起。只是，面对汹涌民意，她最终宣布退出政坛。

　　因为卷入博士论文剽窃之丑闻，德国教育和科研部长安妮特·沙范也最终决定辞职。这名女部长的母校德国杜塞尔多夫大学决定取消她的博士学位，缘由是她 32 年前的博士论文涉嫌剽窃。这名女部长的母校德国杜塞尔多夫大学的一个委员会表决，认定沙范"有系统和故意"抄袭部分论文，决定收回当年授予她的博士学位。沙范 57 岁，涉嫌剽窃论文追溯至 1980 年，题为《人和良知：关于现今良知教育的条件、需要和要求研究》，被指认剽窃。一些分析师认定，沙范涉嫌剽窃程度较轻，但作为教育部长，在学术头衔等同人格保证的德国，这种行为不可容忍。（大众日报 2 月 12 日）在德国，官员论文抄袭就必须辞职。这两人在事发时，都得到总理默克尔的支持，就是在拜罗伊特大学宣布收回古藤贝格的博士学位，古藤贝格终于顶不住压力而宣布辞职之后，默克尔也称："他是位极具政治才华的年轻人，他的辞职，让自己感到心痛。"她也相信，"在未来的岁月里，还会和古藤贝格保持其他方面的合作。"① 可就是这番讲话，也很快激起德国学术界的不满，

① 《德国国防部长涉嫌论文抄袭，宣布辞职》，《环球时报》2013 年 2 月 13 日，第 2 版。

学术界认为，古滕贝格撰写博士论文的态度说明他是学风不严谨的人，而总理对他的支持，会损害德国在世界范围内学术严谨的形象。而在这之前，有超过2万名学者向默克尔递交了一份集体签名信，抗议默克尔祖护古滕贝格。

（二）民众对官员的监督

政治家一旦被媒体抓住"撒谎"这个小辫子，就面临走人的命运。还有一点是官员财产和职衔申报问题，2009年冬，德国巴符州州长君特·奥廷格被默克尔推举为欧盟委员会委员。就职前，奥廷格差点就栽在申报事项上，由于申报个别职衔的细节与事实有出入，奥廷格被媒体揪住不放，被迫三次修改自己的申报表，出尽了洋相。

关于西方国家民众对政治家的苛刻要求并非德国独有，原因是西方国家的政治家随时都处在被公众监督的生活状态下，他们的政治家和政府官员都是民众选举的，民众有选举政治家的权利，也有监督政治家的权利，政治家的政治生命掌握在民众手中。如果说德国有"政治洁癖"，那只能说德国人对政治家的品行要求更高。可以说，德国民众的眼里揉不进半粒沙子，因为他们随时盯着政治家和政府官员的一举一动，当他们看到政治家和政府官员违背他们意愿时，他们便会联合起来将他轰下去。特别是德国的媒体，媒体可以随便曝光政治家的隐私而不受约束，当他们发现政治家或政府官员有什么毛病，他们会穷追猛打，揪住不放，直到将其"治服"为止。所以，政治家或政府官员连撒个谎都要倒霉。

二、平面媒体

（一）报纸媒体

德国人喜爱读书看报，即使电视出现后，大众对平面媒体即印刷的媒体仍喜爱有加，历久不衰，且有不断发展的趋势。以每1000居民的报纸发行量而论，德国占世界第四位，仅亚于日本、英国和瑞士。德国报业中，地方和地区性日报占优势，日报约370种和1580种地方版和地区版，总发行量2400万份，覆盖71%的人口。德新社（DPA）是世界上第四大新闻社。向全世界发行的报纸有《世界报》（Die Welt），《法兰克福汇报》（Frankfurter Allgemeine），《南德意志报》（Sueddeutsche Zeitung），《商报》（Handelsblatt）等。发行量最大的是登载轰动性新闻的小报《图片报》（Bild）。各种杂志1500种，包括人们熟悉的《明镜》周刊、《明星》画报、《焦点》画报等。德国73%的家庭拥有互联网，96%的企业（员工10人以上）接通了互联网，79%企业有自己的网站。刊登轰动新闻的小报《图片》报（BILD）被戏称为"街头报"，每天发行量达到450万份。人们一般通过电视和报纸了解当时的国内国外形势和发生的事件。而大众媒体获得信息来源是世界各国通讯社、自己的记者以及通讯社直接进行的调查研究。德国电视台在世界一些主要地区都设有分社或记者站。各大报纸也是如此。德新社（DPA）、《明镜》周刊、《商报》在北京都驻有常设记者站和记者。此外，还有很多专门通讯社和新闻社，例如福音新教新闻社（）EPD、天主教新闻通讯社（KNA）和体育新闻社（SID）、联合经济新闻社（VWD）也向企业及各种民间团体提供新闻信息等。各种联合会、政府机关、党派、公司企业等的新闻处也通过记者招待会、新闻稿、通讯稿、图片社以及新闻发布会向大众媒体提供新闻。例如基民盟和社民党总部均设有新闻中心，记者可以随便去那里取新闻资料和新闻稿。德国是世界上电视业最发达的国家之一，尤其是两德统一后，德国的电视业更受到世人关注。

（二）媒体的价值

现实主义媒体观的核心观点是主张媒体报道可以镜像再现实在，现实主义媒体观的最有力的体现是新闻真实性原则和客观报道模式。在媒体实践中现实主义一直占据主导地位。媒体系统对社会的描述不是社会现实的简单再现，当然也不是与他所再现的现实没有关系的建构。媒体对已经具有社会现实性质的建构产物进行观察，并根据媒体系统自身的标准选择报道世界发生的事件，媒体现实是社会现实的再建构。从某种意义上说，媒体现实是媒体系统观察社会现实时依据自己的系统观察社会现实，依据自己的规则做出的诊断和解读。尤其在现代社会，媒体的一个重要功能是向公众提供快捷的认识世界的工具，起到减低复杂性的作用。甚至可以说，媒体在某种程度上向公众提供关于社会背景知识，并不断地加以更新，成为了公众社会交际的一种良好的依据许多实证研究表明，媒体鉴于其重要的影响力所建构的现实比社会现实建构的产物更有效。媒体的另一个特点是超个体性，这种超个体性特点源于现代媒体的工业化生产形式和媒体作为社会系统所处的社会框架条件，如政治、经济、文化、技术等条件对媒体制造新闻的影响。媒体作为功能专业化的社会系统，在其历史发展中形成了独特的专业组织和生产方式。媒体新闻信息的主要撰写者和传播者记者，他（她）们根据所掌握的知识及其敏锐的嗅觉对人和事进行采访和报道以及对某个事件进行跟踪报道。①

德中两国媒体分别向两国人民传播着对方国家的政治、经济、社会、民情风俗等情况，使两国人民增进相互理解和相互了解。媒体是传播国家形象最重要的渠道，也是公众获取其他国家信息的主要来源之一，其信息具有快速、时效性特点。德国在中国公众中的形象以及德国公众对中国的了解，在相当程度上，德中两国媒体的报道起着很重要的作用。

三、德国人看中国

（一）近代时期，德国对中国印象

长久以来，西方文明发源地的人们一直用一种居高临下的姿态审视着作为东方文明发源地的中国。那时候，他们只是从西方报道中知道中国，中国被称为"中央帝国"（Reich der Mitte），是一个神秘的东方大国。一旦他们进入中国，呈现在西方人面前的是一个破烂不堪的中国，城市里的达官贵人"朱门酒肉臭"，而穷人们则沿街乞讨，"路有冻死骨"，一片凄风苦雨景象。1840—1842 年英国发动对中国的侵略战争，被称为"鸦片战争"，当时腐败的清朝政府被迫签订《南京条约》，向英国侵略者割地赔款。1900 年"八国联军"（英、日、法、德、美、俄、意、奥）发动对华侵略战争，腐败的慈禧太后被迫与侵略者签订《辛丑条约》，八国联军侵华，给中国人民带来了深重的灾难。联军所到之处，杀人放火、奸淫抢劫，无数村镇沦为废墟，天

---

① 周海霞：《德国媒体中的中国形象》，博士论文。

津被烧毁三分之一，北京一片残墙断壁。连八国联军总司令瓦德西也供认："所有中国此次所受毁损及抢劫之损失，其详数将永远不能查出，但为数必极重大无疑"。八国联军在北京火烧圆明园，公开大肆抢劫，清宫无数文物珍宝被洗掳一空，大批群众惨遭杀戮。清政府向各国共赔款4.5亿两，加上本息共9.8亿银两。如今，中国的崛起让世界瞩目，同时也让欧洲人感到困惑。

拿破仑说过："中国是一个沉睡的巨人，当他苏醒的时候，世界将会震撼。"拘于历史条件，西方对中国的认识和了解主要是通过媒体获得的。中国被介绍到欧洲的第一人是意大利人马可·波罗，当时他随其父亲和叔父来中国经商，并著有马可·波罗的中国游记。13世纪末，轰动西方世界，在欧洲制造了中国宏大形象。马可·波罗之后还有英国人曼德维尔著的《曼德维尔游记》，将中国构建成一个人间天堂。14世纪德国圣方济会（Franziskaner）就来中国传教。16世纪在西方世界掀起了一股中国热潮，其时来华行使传教使命的耶稣会士们起着重要的推动作用。明末清初来中国的传教士中，德国传教士汤若望（Johann Adam Schall von Bell）官至钦天监监正，是众多西方来华传教士中的佼佼者。还有德国学者莱布尼茨和法国思想家伏尔泰，他们把当时的中国描述为统治者英明、富庶、强大、开化，以此针砭欧洲四分五裂的弊端。18世纪欧洲工业革命，科技生产迅速发展，航海来也随之发展，越来越多的商人来华进行商务活动，对中国的了解也越来越多，也不断深入。当时，中国处在封建社会，封建统治甚至影响并阻碍经济发展，德国古典主义代表人物康德、狂飙突击运动代表歌德以及稍晚的两位德国古典主义哲学家黑格尔和谢林（Schelling）对中国多持否定和批评态度。鸦片战争时期，中国受到西方列强的侵略和欺负，中国在西方人眼里从一个繁荣富强的形象跌落到一个落后衰败的中华帝国。第一次世界大战后，德国战败，为了走出困境，德国把目光转向中国，德国汉学家卫礼贤（Richard Willhelm）、社会学家马克思·韦伯（Max Weber）和哲学家施宾格勒（Oswald Spengler）等，他们大大赞赏中国文化，认为应该利用东方智慧救治西方现代文明中的种种弊端。

（二）新中国成立后，德国对中国印象

1949 年中华人民共和国和德意志联邦共和国成立后，分属东方两大阵营，相互敌视。1972 年 10 月，德中两国建立正式外交关系起，中国在德国眼里不再是单纯的敌对势力，而成为牵制苏联的一股重要力量。随着中国改革开放，又成为德国的一个重要出口市场，两国贸易也不断发展。20 世纪七十年代，德国出现了"中国热"。九十年代初，中国改革开放，经过三十多年努力，经济迅猛发展，又出现"中国威胁论"。德国虽然看重中国大市场，但在德国媒体对中国的印象仍然负面为主。"中国的形象化是一个在政治上和经济上崛起的、一党专政的专制共产主义制度的、人口基数巨大的帝国。据统计，2000—2010 年这 10 年中，所选择分析的 849 篇涉华报道中经济领域的报道共有 161 篇，占所选的 19.0%，于是出现中国模式和西方模式之争。在 20 世纪末，世界金融危机中，中国率先走出经济危机而继续保持经济年增长率达到 9%，西方步履艰难，困难重重。西方总自以为是，把自己当作中国的示范。结果是，中国经济并没有深陷危机，而是继续保持经济稳定增长，"中国模式"受到广大发展中国家的欢迎，中国的市场经济和严格的一党专政结合，会被发展中国家越来越多地视为能够替代民主的具有诱惑力的选择，中国经济的理念现在甚至在西方也受到政府和银行系统的追捧，中国在政治上的影响范围也得到扩展。以致德国媒体中开始出现质疑西方模式的优越性和有用性的声音。

（三）德国对中国风俗的印象

有些德国人把中国说成"黄祸"，威胁西方。中国经济发展了，又直接出现"中国威胁"论，其在德国曾经不绝于耳。"中国的崛起证明，即使变化发生在世界的另一端，如果不能对其予以足够重视，并作出及时恰当的反应，很可能会吃大亏。""13 亿中国人都在同一时间奋力向上，在过去的数十年中，这是他们不能做，也无法做到的。中国人虽然是被西方强行拖入了自由市场经济的竞争，但是他们很快便掌握了市场经济的运转机制，并巧妙地利用了资本主义的力量。""中国——这个距离德国万里之遥，正在重新崛起的大国，对年轻一代德国人的生活所产生的影响，很可能比德国国内争论不休的诸多问题的影响更为深远。德国未来的命运和走向，更多地决定于遥远的中国。""中国在有意无意之间，已经利用全球化编织起一张严密的网络，将我们笼罩在其中，使我们难以摆脱对它的依赖。""中国真是一个陌生的国度。那里的人们戴孝穿白衣裳，古老的中国书法在书写时从右到左，吃完主食之后才喝汤。中国人说'是'，许多时候其实指的是'否'，尤其在你问路的时候，似乎每个人都会给出不同的回答。我知道，其实他们自己都不认得路，只不过怕丢面子，就给迷路的外国人随便指出一条路。""在中国，私人空间似乎是不存在的，许多公厕既没有门也没有隔间，女厕所也不例外。买衣试穿时总有顾客喜欢拉起布帘偷看。这些对西方人极不自在的事情，中国人习以为常。""中国人爱问外国人的名字，喜欢打探外国人的收入。"

泽林认为："中国对于世界来说太重要，我们所需要的许多产品，甚至可以说大部分产品都是在中国制造的，而且不只是一些廉价日用品，还有智能手机和电脑等高科技产品。与此同时，中国正在成为德国珠宝第一大销售市场"。

2013 年 2 月 3 日，德国发展援助部长尼贝尔（Dirk Niebel）接受德国《世界报》（Die Welt）采访时，称赞中国对非洲的援助并希望加强与中国的合作，强调说："中国的基础设施援建，远不止开采资源；总体而言，这些援建项目对非洲国家有着积极的作用，兴建的铁路、港口、机场对这些国家帮助良多。""中国与德国应当在该领域开展合作，共同促进非洲国家的发展。德国的价值取向以及丰富经验，与中国的成功发展道路可以有效的相互结合"。德国人认为，中国人很注重面子，"当事情不顺时不要公开批评，甚至大声斥责一个中国人。对他们来说，没有什么比公开曝光更糟糕"。在德国媒体对外国事务报道中，中国占据越来越重要的地位。对于许多德国媒体来说，这些德国媒体把报道中国列于最重要的位置，仅次于对欧洲和北美的报道。这是因为，一方面中国卓有成效的发展和现代化成就令人惊叹，另一方面西方世界敏感地惧怕这个新的竞争者。"我们的前景在一个名叫中国的复兴的巨人面前变得微不足道，我们应该和中俄保持密切合作。那里正增长强劲的希望、和平和进步。美国是昨日的巨无霸"。还有，中国人在外地或在外国，一般都热衷于攀老乡，"老乡见老乡，两眼泪汪汪"。父母和孩子极少亲吻，如果在农村，父母更不会和孩子亲吻的，也从不拥抱。在家里，他们习惯将遥控器放入塑料袋里。

（四）德国媒体对中国的负面报道

除了报道中经常使用负面词汇之外，德国的个别媒体也对中国不友好。《德国媒体的中国报道》一书，不久前由德国海因利希·伯尔基金会出版。报告说：2008年这些德国媒体发表的8000多篇有关中国的报道中超过一半属于概念化、模式化的报道，对有关中国的题材缺乏深入探讨，不假思索地传播固有的想法和成见。调查发现，德国媒体关于中国的报道有明显的"盲点"，特别是几乎完全排除了对中国社会变革至关重要的社会、教育和科技领域的报道。即使那些常报道的领域也表现出"欧洲中心主义"的视角。西方媒体人对中国政府或相关部门提供的新闻不感兴趣或不太感兴趣，而总企图从一些持不同政见者那里找到对中国政府所谓不好的新闻。对中国少数民族状况、中国人权改善的事实、公民权的改善和提高，他们视而不见，或戴着有色眼镜看问题，向其国内受众报道和传递错误信息。

中国研究人员还通过对一些媒体记者、编辑的问卷调查发现，导致中国报道"失真"和错误的原因是多方面的，但他们的报道中充满了冷战思维残余的影响。西方国家与中国社会制度不同，意识形态不同，价值观不同，看待对方的角度不同，得出的结论往往也不同。但不尊重客观事实或政治偏见，这才是西方媒体中出现错误报到中国的真实原因。德国在1990年统一前曾存在东德和西德两个国家，实行不同的社会制度，是西方大国中唯一有此经历的国家。因此，德国人在看中国时往往将中国与前东德比较，这种思维自然也反映到德国媒体上。20世纪90年代初，一位过去在中国任教的老师再次来中国访问，他还自备如湿巾纸、咖啡等许多生活用品。他一个人上街，逛了大小各种商店商场，发表感概说，中国变化太大了，他仍眼用旧眼光看今日中国，是大错了。我们发现一些德国媒体有关中国的报道中，流露出对中国崛起的一种恐慌。从德中关系、中国与非洲的合作、经济话题，到中国在气候变化中扮演的政治角色，德国媒体的报道探讨的通常都是中国是西方或者德国利益的敌手。里希特指出："中国的经济成就取得了西方前所未有的广泛关注，中国日益增长的重要性和世界地位，也让很多德国人感到担忧和不适。"他们总认为，中国得到了什么，他们欧洲就会输掉什么。这种报道中国的心态尤其在报道中国与非洲的合作中更为明显。此外，不少西方驻中国记者不懂中文，不能直接和中国人交流，不能拿到第一手中国资料，而多半是二手货或道听途说得来的马路新闻。对此，德国学术界也表示愿意与德国媒体加强合作，做不带偏见的报道。对于研究结果，里希特表示："德国媒体存在的最大问题是报道主题存在很大局限性，德国媒体报道中国的面太窄了，它们绝大多数情况下只会选择关注冲突、灾难等带有冲突性的报道题材，而诸如中国在社会、科学、文化方面的发展与进步等主题则通常会被德国媒体忽略掉，而这些方面的新闻恰恰是能够展现中国更完整形象的。"这样的做法多少会导致德国报纸和电视中出现被扭曲的中国形象。

（五）德国对中国崛起的看法

在 2004 年到 2009 年期间，德国《时代》周报对中国经济形象的报道，在宏观层面上主要关注中国崛起带来的影响，对德国企业而言到底是机遇还是挑战？另外，《时代》周报十分关注中国的汽车工业和纺织工业的发展，因为这些工业门类容易引发中欧之间的贸易摩擦。农民工问题和中国金融服务行业问题因为其时效性和紧迫性，也吸引了《时代》周报的注意力。① 在其他领域，该周报比较关注知识产权保护和环保问题。在上述报道中，负面报道占据了绝大部分，一方面是由于德国媒体运作模式的影响，另一方面也受到执政党意识形态和对华政策中价值因素的影响。

《时代》周报的网络版在 2011 年对中国的报道仍旧偏向于负面报道，在政治外交领域，《时代》周报网络版认为中国的崛起意味着对外扩张、称霸，对内打压政治异己者。经济贸易领域，德国媒体承认中国经济在世界经济中的重要地位，对中国市场持乐观态度，然而也不乏讽刺之声。在欧债危机的大背景下，德国希望中国出手帮助欧洲走出债务危机，该周报的网络版却在

---

① 王志强：《德国〈时代〉周刊视角下的经济中国形象》，载于《德国研究》2009 年第 4 期，第 63 – 87 页。

塑造一个专制的中国政府形象，在社会文化领域的报道主题偏于宏观，离普通大众的生活较远。①

德国《焦点》周刊 2007—2008 年的涉华报道中，政治领域多关注人权问题、西藏问题、中非关系以及民主问题，着重在报道中强调西方政治制度的优越，凸显比较负面的中国形象。在经济领域，中国被描述为可与西方国家相抗衡的大国，中国的发展对西方世界构成了威胁，并且带来了一系列社会问题如贫富差距拉大、环境污染问题、产权保护问题等，也塑造了比较负面的形象。在社会文化领域，报道趋于负面，并对中国政府的相关政策提出批评。从总体上看，该周刊塑造的是一个负面的中国形象。

德国媒体对中国普遍存在偏见，中国青年报 7 月 2 日报道，英国广播公司（BBC）最近公布的 2014 年全球民意调查结果，传递出了一个让人感到惊讶的数据：德国是对中国看法最负面的国家。德国民众对中国的消极认知在世界各国名列前茅。该国高达 76% 的受访者认为："中国对世界的影响主要是消极的"。这一比例甚至超过了中国的"宿敌"日本（73%）。对于一直对德国抱有一定好感的中国人来说，结果令人诧异。人们不禁要问：德国与中国既无领土纠纷，也无历史仇怨，两国之间文化和经济往来频繁，为何德国对中国的看法却如此负面呢？这不能不说媒体起了兴风作浪的作用，与德国媒体长期以来对中国的负面报道有很大的关系。

比如中国与非洲的合作，德国媒体的报道非常负面，德国媒体上经常指责中国在非洲推行"新殖民主义"。随着北非局势动荡，此类声音更为强烈，对于中国的态度，尽管总体上误解很多，但还是有学者能发出客观的声音。针对德国媒体频繁对中国在非洲援助政策的歪曲报道，波恩大学发展研究中心的鲍姆加藤（PhilippBaumgartner）、德国发展政策研究所的贝格尔（Axel-Berger）、华盛顿的国际粮食政策研究所的布劳蒂加姆（DeborahBrautigam）与德国发展政策研究所共同在德国《时代周报》上联名撰文，批评德国媒体对中国非洲政策报道错误重重，误导读者。他们看到了德国媒体的报道错误主要包括：夸大中国在非洲的援助规模，但同时又忽略资金对非洲的好处。

---

① 李晓梅：《德国媒体报道下的中国形象》，硕士论文，2013 年。

文章说，中国 2009 年给非洲的发展援助仅为 16 亿美元，而西方对非洲援助同年几乎达到 300 亿美元。中国提供的国家贷款和贸易促进费则相对较多，把这类资金也归类为进一步的发展援助。文章指出："在世界金融危机爆发前，西方私人银行常将亿万美元汇往非洲。但 2008 年后，这类财源就完全枯竭。中国能持续不断地向非洲投钱，对非洲的经济具有决定性意义，中国在非洲的所作所为应该受到欢迎。"西方国家是从殖民主义道路上走过来的，所以很容易把自己的逻辑套用在中国的非洲政策上。久而久之，上至社会精英、媒体领导层，下至普通编辑记者和社会民众，似乎都已经形成了这样一种"中国在非洲推行新殖民主义"思维定式。《时代周报》由仍然健在的德国老总理施密特创办出版，而施密特是一位眼光长远、冷战思维较弱、对华友好的德国领导人。德国记者博滕斯坦因曾在其《丑陋的德国人?》一书中指出："作为个体，我们有三重存在：一是我们眼中的自己，二是别人眼中的我们，三是客观真实的我们。但是作为民族，我们只有两重存在：一是我们眼中的自己，二是别人眼中的我们。因此，其他民族如何看我们十分重要。这是我们民族的一半存在。"《论语》季氏篇夫子曰："远人不服，则修文德以来之。"

　　综上所述，不难看到，德国读者既对部分德国媒体耸人听闻的不实报道感到震惊，而产生猎奇性，但是他们对于了解真相更感兴趣。有德国专家能够公开发表文章澄清一些错误报道，并说明中国的真实情况，让德国读者能够了解一个真实的中国，这意味着中德之间实现相互理解，德国人改善对中国的理解并非不可能。然而，实现这一点不能只依靠少数理性客观的德国专家和对华友好人士，我们还需要深入思考和研究，有针对性地采取改善措施，抓住提升国家软实力的契机。中国在世界上的影响越来越大，中国的内政和外交都在牵动着世界的神经，但是我们对外沟通的观念和能力都明显滞后。我们需要通过文化传播这个软实力推广工作，深入德国民间宣传中国，让德国民众有更多渠道来了解真实的中国。中国精英阶层对德国的了解远比德国精英阶层对中国了解要多，因此，我们必须努力解决这一认知问题。讲述崛起中的中国的故事，让世界了解、理解甚至认同我们，已经成为一项刻不容缓的国家任务，也是我们每个人都义不容辞的责任。

（六）历史问题的认知

李克强总理于 2013 年 5 月 26 日参观德国勃兰登堡州的波茨坦会议旧址，详细听取了波茨坦会议有关情况的介绍，并观看了《波茨坦公告》和《开罗宣言》珍版复印件。李克强总理冒着小雨向在场记者发表讲话说："波茨坦会议旧址对世界和中国都是一个具有历史意义的地方，在这里发表的《波茨坦公告》向法西斯势力升起正义的旗帜。更重要的是向世界法西斯势力发出了最后通牒。人们不会忘记，正是在向日本法西斯发出最后通牒 20 天后，日本宣布接受《波茨坦公告》并无条件投降，这不仅是中国人民的胜利，也是世界人民的胜利。"

李克强总理说："作为一个中国人，也作为中国人民的代表，我要特别强调，《波茨坦公告》第八条明确指出：《开罗宣言》之条件必将实施。而《开罗宣言》中明确规定，日本所窃取的中国之领土，例如东北、台湾等岛屿归还中国。这是用几千万生命换来的胜利果实，也是二战后世界和平秩序的重要保证。所有热爱和平的人，都应该维护战后和平秩序，不允许破坏、否认这一战后的胜利果实。"

李克强总理进一步指出："历史是客观存在，也是一面镜子，中国古语说，'以铜为镜，可以正衣冠'。只有正视历史，才能开创未来。任何否认或企图美化那段法西斯侵略历史的言行，不仅中国人民不能答应，世界各国爱好和平的正义力量都不能接受。中国愿同世界各国爱好和平的人们携手，维护二战后确立的和平秩序，维护世界和平与繁荣。"

李克强总理最后表示："正是因为有了和平的国际环境，各国人民才能享受美好的生活。中德两国人民都热爱和平，支持中德友好、中欧友好。我们愿与德方、欧方一道，继续共同努力维护世界和平，促进共同发展。""只有正视历史，才能开创未来"，否则将会被人类所抛弃。在中国的主流媒体中，德国对历史反省和认罪态度得到了中国广泛的认可和赞赏。

（七）中德民间对彼此的了解程度

据调查，在相互了解方面，81% 的德国人知道中国首都北京，而知道德国首都柏林的中国受访者仅为 50%。57% 的德国人对中国文化"十分陌生"，50% 的中国人对德国文化也有同样的感觉。旅游方面，63% 的中国人对德国旅游感兴趣，而对来华旅游感兴趣的德国人仅占 36%。

不过，通过调查不难看出，德国人对待中国的心态有些矛盾。一方面，60% 的德国人承认，中国对德国经济影响大；57% 的德国人认为，德中经济关系与德美经济关系同等重要；42% 的德国人表示，中国在德投资会给德国就业市场带来积极影响。另一方面，58% 的德国人相信，本国生产商受到中国产品威胁；49% 的德国人坦言，对中国经济强大表示担心。

值得注意的是，德国年轻人对中国的态度更为开放，评价更为积极。在是否担心中国经济强大方面，仅 36% 的年轻人表示担心，而这一比例在年长者中占到 51%。另外，在德中通过技术合作实现双赢上，年轻人也表现出更为乐观的态度。

报告显示，92% 的德国人认为中国企业会窃取德国的技术和发明成果。德国媒体不断抛出中国威胁论，既是在迎合也是在继续营造弥漫在整个社会的对中国崛起的忧虑情绪。

中德两国文化存在着许多区别甚至对立。这里所说的"文化"，采用的是荷兰跨文化管理学者霍夫斯泰德的定义，他将文化定义为是一种"思维软件"，即一个群体典型的感知、思维和行为方式。霍夫斯泰德对跨文化差异的研究，以及德国跨文化心理学者托马斯对中德两国文化标准的研究都表明，中德两国文化是两种不同的思维软件，并且存在着一定的不兼容问题。例如，德国规则取向 VS 中国规则相对主义，德国内化的自我控制 VS 中国的见机行事，德国直接的、明确的交流风格 VS 中国间接、含蓄的交流风格等等。注重秩序和规则的德国人在遇到灵活处事、说话含蓄的中国人时，难免出现问题。德国的华裔人士刘扬曾出版过一本《东西相遇》的画册，以图画形式展示了东西方（中德）之间的日常文化差异。比如，在餐馆就餐时保持安静 VS 喜欢喧闹、准 VS 不准时、排队 VS 不排队，以及对待动物的不同态度等。中国游客大规模赴德旅游让德国商人赚足了钞票，中国游客的一些不文明行为，也损害了中国人和中国在德国人心目中的印象。

（八）德国人对中国缺乏深入了解

中国要加强对德公共外交，提升中国在德国人心目中的国家形象，进一步加强文化教育领域的交流，要加强中国文化的传播力度。"中国梦"是每一个中国人的，同时也是全民族的。它应文明、民主、法制、繁荣，给个人发展提供公平的机会。"中国梦"已经在一步步靠近我们，它既是梦想，也是我们每天都在积累的现实。中国的制度挑战了西方自认为无懈可击的制度模式，而"这是他们感到最担忧的东西"。中国在和平发展、快速成长，西方感到很担忧，开始从各个方面遏制中国。但西方并非担心中国的经济实力、科技实力和军事水平，"他们担忧的是我们的制度"。中国绝不照搬西方政治制度模式。目前，中西文化交流存在大"逆差"。在西方国家译成外文的中国文学作品很少，外国公众了解中国的渠道也十分有限。德国有些所谓中国问题专家连《东周列国志》都不知道，这不利于外国人了解中国，要努力改变此种状况。不妨可从以下几个方面做起：首先，中国要主动发声，介绍情况，增信释疑。其次，要及时发布消息，澄清事实，以正视听。第三，要改进话语方式，讲好中国故事。多用对比、多讲事实、开门见山，说事不要绕圈子、少说空话，使外国人爱听、想听、听得进去。第四，要加强双方媒体的沟通和交流。中国媒体和记者与外国媒体的交流，甚至是交锋，有利于增进双方的相互了解，更加准确、客观地报道对方。中国媒体人在和西方媒体人交锋时甚至可能争得脸红脖子粗，但争论过后仍然笑容可掬，谈笑风生。不要因为意见不一致，再见面时就感到难堪或尴尬。第五，客观报道不意味着全是正面报道，也应包括提出批评的负面报道。应逐渐习惯批评性报道，要有以平常心面对刺耳批评的胸怀和气度，有则改之、无则加勉。第六，中国学者在访问德国或其他西方国家期间，应争取各种机会做演讲，介绍中国的成就和存在的问题及发展的路线图。

（九）妥善处理中德关系

在处理与传统大国关系时，应该多沟通与交流，不仅双方政府高层交流，而且也要加强民间交流，加强学者相互交流。多重视发展旅游业，加强对旅游组织机构的管理和监督。中国出境游客应加强自律，这也是一种免费的自我宣传。来华旅游的外国人中也不乏有高层人士，做好旅游组织工作也能增加外国人对中国的了解和认知。从高层到民间的双向相互交流，增加相互了解，可以避免误判，可以澄清西方一些媒体的不实报道，甚至可以纠正西方媒体的一些错误报道。应该求同存异、超越意识形态的不同发展双边关系；将共同利益蛋糕做大，增强经贸合作，使经贸合作的成果惠及双方国家和人民；应该制定危机管控机制，做到防患于未然，维护国家关系的正常发展。在默克尔总理率团于2012年8月底来北京参加第二轮政府磋商时，德国政府圈内人士也把德中关系描述为"特殊关系"，德中之间的"特殊关系"主要是一种基于经贸务实合作的关系。2011年，德中两国政府磋商机制的启动，标志着这种互信达到一个新的高度。目前德中两国关系的升温是由于两国共同利益，尤其是经济相互依存关系的驱动。德中关系可以被视为不同政治经济体制和不同文化圈之间建立全面合作伙伴关系的成功典范，德中关系也可以称作中国与欧洲国家关系的典范。

四、中国人对德国的印象

1988年中国作者写了一本《中国人看联邦德国》，① 介绍中国人怎么样看德国。德国总理科尔为本书撰写前言："中国人民的热情好客和建立在几千年传统基础上的，面向未来的进取心给我留下了深刻的印象。我们德国人高度评价中国的缓和政策，中国越来越愿意在亚洲和全世界起稳定局势的作用"。这本书的撰写者认为："在中国人眼里，德意志联邦共和国已不是一个陌生的名字，她是一个美丽富饶且有魅力的国家。德国人民举止有礼貌，办事讲信誉，这是闻名世界的'德国彻底性'，下飞机后一进入联邦德国，就如进入一个花园城市，法兰克福是一个花园，波恩更是一个大花园，即使作为经济城市的汉堡，也是一个花园，至于在阿尔卑斯山脚下的慕尼黑，就更不用说了。德国人是一个守法而好客的民族，都是彬彬有礼，对人谦谦然的，德国是一个爱读书的国家"。根据相关报道，一个只有300万人口的韦德尔小城市，平均每人每年从图书馆借阅6本书，读者占联邦德国人口高达

---

① 王晨主编：《中国人看联邦德国》，山西人民出版社1989年版。

6%的《明镜》周刊每星期都要推出10部文学和专业畅销书。行车在高速公路上，"高速公路像一条抽不断的黑灰色的绸带，在我们脚下迅速向后闪退。坐在时速180公里的汽车上，颇有'两岸猿声啼不住，轻舟已过万重山'的感觉。""告别莱茵河畔的时间越长，对这个美丽国家怀念也越强烈。留在我脑海中的，有科隆大教堂举世无双的巍峨身影，有汉堡阿尔斯特湖上雪白的风帆，有法兰克福充满着古典气息的歌德故居，有艺术文化之城慕尼黑的多彩的音乐和戏剧生活……然而我要说，比这些更迷人、更使我受到启迪的是学校，是这个国家很有章法也很有生气的教育事业。""在联邦德国所到之处，给我们一个突出的印象，那就是无论城市还是乡村都掩映在花卉、草地和林木之中。这是一个充满绿色、公众环境意识极强烈的国家"。

中国与英、法、德、意等欧洲大国有着长期密切的友好交往。欧洲联合的步伐不断加快，对外用"一个声音"说话声调也日益提高，欧洲多家智库呼吁欧盟各成员国在与中国打交道时，放弃"各自为战"的做法。中国不仅要继续做好与欧盟大国的友好交流，也要加强与新入欧盟的中东欧国家的交流与合作。中国改革开放发展的成果，不仅让欧盟大国分享，也应让欧盟中小国家参与享受，只有这样才符合欧洲国际关系发展的现状，而不是此热彼冷，造成欧盟中小国家对中国的不满和隔阂。德中关系经受住了时间和国际风云变幻的考验，总的看已经步入成熟、健康、稳定发展的轨道。双方要做到"在竞争中合作，在合作中竞争"，交往技巧上仍然需要不断改进。

五、德国人对中国的认知

中国在德国眼中是一个什么样的国家呢？德国联盟党议会党团制定的亚洲政策中写道："因为中国的出现，使得世界政治和经济体系中出现了一个不民主，不自由的国家"（2007 - 4 - 8）。言下之意，德国的社会体制是优越于中国的。既然德国是优越的，那么就有权对中国的种种不同于他们的地方指手画脚，于是通过德国媒体发出的声音是，对中国进行批评性的负面报道。

冷战结束后，经济全球化促使体系观念结构发生了质的转变，"合作"

取代"战争"成为国际社会的主流观念。中国和德国作为体系成员，对双边利益的界定和互助合作的前景也更为乐观自信，最终确立了"战略协作伙伴"的身份定位。从此，中德进入了一个不断探索和培育双方关系基础和规范的调适期。同时，中德关系中也还存在着一些不稳定因素。由于两个行为体差异性较大，也由于约束中德关系的现存机制规范还不够完整和确定，中德关系中的很多问题一时难以纳入伙伴关系的发展轨道。但只要双方坚持从战略高度规划好、把握好中德关系发展的大方向，尊重和理解对方的社会发展模式与发展道路，加强对话，增进相互了解，中德两国就一定能实现伙伴关系的稳定发展。

最后，中德战略协作的社会基础尚未巩固。中德关系有一个鲜明的特点，即两国最高领导人的推动对两国关系的发展起了决定性作用。中国民众对德国及发展中德关系也表现得非常友善和积极。相比之下，德国中下层领导和普通民众以及新闻媒体对发展中德关系要消极得多，对中国的看法中负面因素较多。这也是"中国威胁论"在德国一直存在的重要社会环境。究其原因，主要有三：

1. 不信任情绪依然存在；

2. 德国国内尚未形成对华友善的舆论环境，新闻媒体经常发表丑化和敌视中国的言论，有些甚至充当了传播"中国威胁论"的工具；

3. 两国人民彼此缺乏应有的了解，相互间存在许多偏见和误解，严重影响了中国的国家形象，给中国的国家利益造成损失。

国家形象是一国重要的无形资产，当今世界各个国家越来越倾向于通过国家形象等软实力以间接的、非强制的方式来影响他国的政策和行为。"国家形象"是国际关系中的一种重要因素，是国家软实力的重要组成部分，在全球化时代已成为国家间博弈的重要变量。一个国家要有效地在当今世界求得生存和发展，都需要努力提升维护国家形象。"软实力"是现在人们常常提及的一个概念，人们当今对它的理解很大程度上早已突破美国人约瑟夫·奈的早先的定义。笔者也认为"软实力"是一个具有宽泛含义包容性很强的词。

　　有的学者概括说："国家形象是一个综合体，它是国家的外部公众和内部公众对国家本身、国家行为、国家的各项活动及其成果给予的总的评价和认定。"① 也有学者认为，国家形象是国家在国外公众心目中的形象，或者说，国家形象是一种软实力、一种无形资产。还有的学者提出，国家形象"首先是一种主体意识，是国家或民族精神气质中的闪光点。"事实上，每个时代每个国家无不重视国家形象，我国也不例外，问题在于塑造怎样的国家形象。美国学者萨拉·迪基说："形象在当代的重要性应该不足为怪，因为媒体为我们提供了可视度最高的表象。"

　　国外有关国家形象传播的案例往往与经济效益相连，西方媒体利用强势话语夸大对中国的负面传播，其背后含有利益驱动的因素。

　　中国经济的快速发展，在德国引起很大的恐慌。德国经济不景气，失业率高，甚至把德国奶制品价格上涨也归咎于中国。而中国的海外投资更是让德国政界和经济界颇为焦虑，他们认为一旦中国这样一个不同社会制度的国家取得国际话语权，其将打破西方一统的局面，而成为西方社会制度的威胁。德国媒体所传播的这些关于中国的错误信息很大程度上塑造了德国民众眼中的中国负面形象。中国有很多面，而对中国缺乏直接了解的德国民众所获得的关于中国的信息是由德国媒体从众多的面中筛选出来的，因而德国媒体涉华报道的内容选择和报道倾向会在很大程度上建构德国民众对中国的负面印象。中国之所以在德国媒体中的形象以负面为主，其最简单，也是最深层的原因，是两国意识形态的不同。德国很多媒体，包括很多德国人都戴着有色眼镜看中国的发展和变化。尽管中国政府一而再再而三地声明，中国和平发展，中国执行防御性国防政策，中国不对任何国家构成威胁，但他们囿于固有的偏见，始终宣传"中国威胁论"。正是中国经济的发展，国力增强，动摇了他们在国际事务中的话语主导权，从而产生了自身"危机感"。

　　平等互利是新中国发展对外关系的基本原则。西方包括部分发展中国家的媒体开始攻击中国，认为中国对外经济活动是典型的"新重商主义"，称中国对外资源开发是一种"新殖民主义"的掠夺。导致外界对中国国家形象

① 管文虎等：《国家形象论》，电子科技大学出版社 1999 年版，第 23 页。

的贬损，这是中国外交必须认真对待的问题。中国在发展中国家已经进行的各种援助证明了中国是可信赖的负责任的大国。我们要继续努力做好以下两方面的工作：一方面，中国应当通过文化交流向世界人民传达中国人崇尚"和为贵"、讲求"礼尚往来""乐善好施"，奉行"己所不欲、勿施于人"的文化传统和处事原则。另一方面，对外宣传还应特别突出中国当前发生的社会变迁和现代化进程所取得的辉煌成就，多谈谈国家的创新、不断涌现的新思想，以及应对诸多问题的新举措。中国吸引世界尤其是其他发展中国家的地方，不仅在于古老文化和传统美学，而且更多地在于创新和发展能力。正面报道中国的发展变化和国际政策，一定会增进世界人民对中国的深入了解。①

中国要加强社会主义核心价值体系建设，社会主义核心价值体系是兴国之魂，决定着中国社会主义发展方向。加强文化建设，建设中国传统文化传承体系，弘扬中华优秀传统文化。加强社会建设和生态文明建设。中国的媒体也要实行改革开放，请进来，走出去，汲取西方媒体中好经验、好方法，提高中国媒体的传播报道质量，提高中国媒体的创新精神。中国媒体在报导中国社会主义事业建设成就时，也不回避中国目前还存在一些落后面，不护短，实事求是地报道中国的建设和发展。中国的事情只有靠中国人自己做，中国人站在自己的价值观和国家利益的立场上把事情办好。只有当中国能够拥有与西方国家同等话语权的时候，才能取得与西方国家平等的地位，才能以中国的价值观传播中国新闻，使之呈现一种有序的国际话语结构。对于西方某些严重歪曲事实的偏见报道要根据事实，做到有理、有据、有节地进行逐一解释说明，甚至驳斥，向世界传达事实的真相。② 要充分利用和发挥广告媒体的作用。中国广告媒体和德国广告媒体开展交流与合作，在德国电视、广播和平面媒体上刊登介绍和报道中国的各种广告。中国政府要努力通过各种途径加强与西方国家政府、对中国友好的政党、社会团体及各种机构

---

① 罗建波：《中国国家形象战略的基本框架与实现途径》，《理论视野》2007年第8期，27－29页。
② 靖鸣、袁志红：《西方媒体报道与中国形象塑造》，《环球观察》2007年第2期。

的交往，也不放弃与反对中国的某些势力的接触，才能知己知彼，有的放矢
地开展工作。例如，我们应该努力加强和扩大中德两国文化交流的广度和深
度，扩大公共关系；其次，建立同德国媒体更好的关系，甚至可以派中国记
者到德国各大报社和出版社工作，加强两国媒体之间的合作交流；最后，
进一步提高中国政府政策的透明度，通过政府和民间的双重渠道对外报道
和宣传，这种宣传报道要用西方普通人听得懂并能接受的话语，才能逐步
使更多德国人渐渐地正确地了解中国，消除他们对中国的无根据的反感和
无端恐惧。

第二节　最新的对华认知报告

一、德国人与中国的联系

2012 年华为调查报告显示：中国与德国在建交四十年后，在各个层面上
都更为靠近。然而，双方仍旧很多相互不理解之处，需要进一步了解和沟
通。两国关系随着经济、社会文化方面的措施不断加强，如两国进行着定期
的法治国家对话，但德国和中国基于不同的社会传统、文化根源和历史条
件，在经济和政治上的导向和发展截然不同。德国人对中国缺乏了解，充满
误解，这就导致了很多人对中国的印象充满矛盾：中国经济和政治的发展到
底是德国的威胁，还是德国的机会？事实是，综观建交四十周年来，中德之
间的交流日益频繁，2012 年的文化年是中德之间规模最大的一次文化交流
活动。

在受访者中，40% 的德国人都有认识的中国人，10% 的人已经去过中
国，7% 的人计划到中国旅游。其中大部分都是因为工作原因跟中国建立联
系。20% 的受访者跟中国有工作联系，三分之一的人可能为一家中国公司
工作。

受访的中国人中仅有2% 的人和德国人有私人接触，只有1% 的人和德国

人有工作接触，有1%的人在德国公司工作。

中国是德国第三大贸易伙伴，排在法国和荷兰后面，美国之前。同时，中国是德国出口产品的第五大销售市场，也是德国进口产品的第二大来源地。目前大约有5000家德国企业在中国开展业务，雇员人数达20万。中国在德国的企业数量也在不断增加，2012年大约有900家，约雇佣了7300名雇员。德国经济界在中国的开拓要明显强于中国向德国的进军。德国企业在华投资已经翻了几番，兴趣不断增长，2010年时投资额就达到9亿美元，但中国企业在德投资到2012年才达到了4亿美元。

中国在世界上的重要地位主要源自其经济的飞速发展，这也是德国人提到中国时首先想到的地方。根据受访者的回应，中国对德国的影响在经济方面最大。88%的受访者将中国划归为世界经济强国一类。经济界和政治界的决策者中则有94%和96%做出同样的选择。3/4的受访者都认为中国将会继续快速发展。大约3/4的德国人也称会担心中国过于强大，约80%的决策者也有此担心。不过，大约一半的民众认为中国崛起是对德国经济的丰富，决策者认同这一看法的更多。

二、德国对中国商品的认知

德国在中国人眼中是世界领先的经济强国。四分之一的受访者认为德国是世界头号经济强国，一半受访者认为德国名列前茅。一半受访者认为德国在国际上的地位会不断提升。对于德国的经济成就，只有三分之一的受访者担忧德国过于强大，更多的人认为德国对中国经济是有益补充。

两年以后，华为调查报告再次出台。2014年的华为调查报告以2600名受访者（中国和德国各1000名普通民众，各200位经济决策者，各100位政治决策者）的回答为基础：中国的崛起从根本上改变了中德关系。作为世界上第二大经济体，同时也作为德国在政治经济上的战略伙伴，中国对德国的重要性在持续上升。2011年开始的政府间磋商机制意味着两国在伙伴关系中开始重视对方。尽管中德关系进入新的高度，但在德国所做的问卷调查却显示，德国人对中国的印象仍旧充满着陈词滥调和刻板印象，不过不同群体对于中国的印象有所差别。比如，比较年轻的受访者对中国有更积极的印象，对中国有所了解的受访者和不了解中国的受访者的中国印象有所不同。

在2014华为调研之外，对于中德两国的印刷媒体对彼此的报道还进行了分析。从数量上看，德国媒体对中国的报道相当可观。报道的焦点主要是政治经济的主题，文化和社会方面的报道较少涉及。中国对德国在各个方面的报道比例都比较一致，但是报道总量偏少。在人权和法治国家方面，德国媒体主要进行了批评的、负面的报道。对中国外交政策的报道主要是中性的，在具体事件报道中甚至是积极的。但是关于中国威胁论的论调却在媒体中广为流传。在德国媒体中，中国的经济崛起主要受到积极评价，并被视作是一种机遇。对于中国的创新发展基本没有报道，占主导地位的学术文章和专利令中国形象陷入质疑。在认知和现实之间的矛盾明显体现在德国人对中国产品质量的态度上。中国已经进口了近1/4的顶尖技术，中国出口到德国的产品也主要是电子产品。尽管如此，德国人仍旧觉得中国企业只会生产大众商品，山寨西方产品，产品质量堪忧。德国受访者几乎都认为中国市场上，产品质量问题和产品安全问题是最大问题。德国人对中国产品质量的疑虑，以及中国企业品牌管理方面的缺失，影响了中国产品的品牌形象。尽管有些中国企业已经以其高质量的产品和服务闻名世界，但仍只有少数中国企业和中国品牌在德国广为人知。

中国人对德国的经济优势、德国企业的创新能力、产品质量、竞争能力普遍抱有积极评价。但是德国对中国经济的重要性并不与中国对德国经济的重要性一致。

中国拥有悠久的历史文化，吸引着很多的德国人。现在的中国也吸收着西方文化因素，社会正在经历深刻的变化，但是德国对中国的印象相对具有稳定性和同质性。如德国人觉得中国讲礼貌、有家庭观念、有集体观念和等级观念。这些看法和中国传统的哲学、价值观一致。德国对于远东文化的兴趣并不能自然而然地拉近两种文化。中国文化在德国仍旧是一种陌生的、复杂的文化。不过，年轻一代更愿意接触中国文化。在中国人对德国的印象中，文化中的传统价值观也起着重要作用。此外，德国的社会发展得到中国人的积极评价，特别是德国的教育体制，尽管其在国际比较中仅处于中等水平。

两次调查结果具有明显的一致性，对于中国人和德国人的互视具有较强的代表性。2014 年的调查中我们可以感觉到一些乐观的变化：随着文化交流的加强和中国对外传播工作的深入，年轻人之间的交流障碍更少，更容易理解异国文化。

第三节　中德之间的认知偏差及根源分析

我国是社会主义国家，并且是世界最大的发展中国家，我国一直坚持走和平发展的道路。然而，西方国家并不认同我国的发展道路，认为我国的发展意味着"强国必霸""中国威胁论"。中国对自己国家身份的定位主要源自历史和制度两大因素，大一统的历史使得中国特别重视国家统一和领土主权完整，近代中国丧权辱国的历史从反面强调了这一认同的重要性。中国走有中国特色社会主义道路是根据中国国情做出的历史性选择，国家强大的目的不是为了称霸。中西方对中国国家身份认同的认知差异以及由此带来的摩擦和矛盾，是孤立、制裁、战争等手段无法完全予以解决的，最终要通过加强交流和相互理解来逐步减少。

"身份"的英语 identy，德文 Identität，都是关于"我是谁"的观念，是需要他人"认同"的概念。中国的身份是发展中国家，是发展中的社会主义大国，这是中国要在国际社会里定位的角色。按照美国社会学家亚历山大·温特（Alexander Wendt）的结构建构主义的核心观点，国家身份不是先验存在的，而是后天的，是在国际社会的互动中产生的，只有在国家身份产生之后，才有了对利益的界定。国家利益的确定是根据国家身份的变化而变化的。建构主义者认为，国际政治的存在是通过构建来决定的。建构主义主要包括：首先，是一种精神的存在论，以此为出发点，认为社会世界首先是由参与者的社会实践构成；其次，是由身份认同和利益构成；第三，身份和利益（双方）的构成是由参与者在国际社会中的互动和结构组成。建构主义国际关系理论是 20 世纪 80 年代兴起的。

中国虽然经济总量在世界上排列第二位，但中国地大人口多，人均 GDP 仍然在世界上排在靠后的位置，依然是一个发展中国家，是一个发展中的社会主义大国。中国共产党十八大报告指出：中国进入全面建成小康社会决定性阶段，进一步解放思想，深化改革开放，攻坚克难，紧紧抓住当前的发展机遇期，认真对待面临的挑战。为了实现"中国梦"，我们仍然要头脑清醒，韬光养晦，不做领头羊，扎实搞好经济，一百年不动摇。

李克强总理在访问德国期间，中德双方发表了联合公报，两国总理共同启动了"中德语言年"活动，促进汉语在德国和德语在中国的传播。双方认为，中德都是国际舞台上的重要战略力量，是推动世界和平、繁荣与稳定的重要合作伙伴。中德将继续密切建设性合作，促进中欧关系发展，共同应对能源资源安全、气候和环境、粮食安全等全球性挑战。

一、中国与西方的差距

必须指出的是：中国的 GDP 虽然已居世界第二位，可是 GDP 总量除以 13 亿人口，所得出来的人均 GDP 较小，仍然远远落后于西方发达国家。中国只不过是一个发展中的社会主义大国，依然属于发展中国家，而不是发达国家或富裕国家。德国及西方主要大国只看到中国的巨大变化和发展，不愿或不想低头看看中国与西方的巨大差距。这些差距主要表现在以下几方面：

（一）西方看重中国的经济总量，而忽视人均水平

2013 年中国 GDP 为 9.24 万亿美元，人均约为 6767 美元，只相当于美国的 12.73%，美国为 5.12 万美元。用数字说话，就不得不承认这种差距。根据世界银行数据，从人均生产水平看，中国 2013 年只有 6629 美元，在世界上排名第 86 位（也有数据指出排第 89 位），还落在战乱的伊拉克（第 84 位）后面。同年，美国人均 GDP 为 51248 美元，中国相当于美国的七分之

一，日本（40442 美元）的六分之一，相当于俄罗斯的二分之一。从人均消费水平看，2013 年城市深圳 40741.88 万元，珠海为 32987.21 万元，山西省城镇居民人均消费支出约为 13166 元，中国边远城镇的人均消费水平远远低于沿海经济发达地区，这个数字也远远低于发达国家的水平。早在 2009 年，中国人均消费为 1306 美元，不及世界平均水平 5093 美元的 1/3，仅为美国的 4.0% 和日本的 5.5%。若按人均水平计算，中国人均财政支出只是美国的 5.5%，是欧洲发达国家的 4%。即使与巴西等国相比，中国人均财政支出也不高。

（二）西方只看到中国大城市的巨变和发展

西方只看到中国大城市的巨变和发展，如北京、上海、广州，而看不到中国城乡之间的差距，没有看到落后的农村。中国农村人均可支配收入、参加养老保险的比例等各项指标都与城市人口相距甚远，特别是"老、边、少"地区，教育水平、基础设施、人们的物质和精神生活还较落后。反观发达国家，以欧盟国家的医疗服务为例，每个人年老都有保障，病了有医疗，不管病患者的社会地位如何，不管富贵贫贱，只要他或她得了病，就能享受到有效的医疗服务。在医疗服务方面，中国与欧盟国家相比还有差距。更何况，欧盟国家城乡之间、社会阶层之间的差距较小，发展比较均衡。

（三）西方看重中国外贸出口总量，而忽视出口的质量

2013 年中国的出口额为 4.16 万亿美元，超过美国而成为世界第一出口大国，但出口的产品在国际市场上主要以数量和价格优势为竞争力，与发达国家如德国主要出口以质量和技术优势为竞争力的产品不同，中国出口的产品增值主要集中于低附加值的劳动密集型产品（活动）。在中国的出口产品中，高新技术产品所占比重略超过 30%。

（四）西方人眼中只有"中国制造"，而忽视中国服务贸易的劣势

"中国制造"的产品因出口数量庞大，经济实用，逐渐渗透到西方国家人民生活的方方面面，西方民众很容易就感受到中国产品对自己生活的影响。然而，西方人却不容易觉察到中国在服务贸易这一条隐性战线上所处的

劣势。在全球服务贸易中，发达国家服务业的竞争力普遍较强，因而享有服务贸易的顺差，而 2013 年中国的服务贸易进出口总额达到 5396.4 亿美元，位居世界第三位。中国出口廉价的劳动密集型产品，进口的却是发达国家昂贵的资本和技术密集型产品，尽管在商品贸易方面享有贸易顺差，但服务贸易逆差却始终没有减少。

（五）西方国家藏汇于民，而中国外汇集中于国家

中国的外汇储备总额十分可观，然而人均外汇储备额低于发达国家的水平。例如，德国民众换汇用汇十分方便，更何况欧元本身就是硬通货。而中国人，一般说个人手里有外汇，如美元或欧元的人不是很多，需要用外汇时需要去银行兑换。中国外汇储备的主要来源并不是贸易顺差，在过去 30 年中，扣除服务贸易逆差后的外汇储备仅占全部外汇储备的 1/3，组成外汇储备的主力是外来的直接投资、外债和投机性"热钱"。由于中国人口基数大，经济总量也在不断扩大，很容易令人忽视人均指标较低、经济结构不合理等问题，产生不符实际的印象。

二、中德双方认知差距的主要原因

（一）中德两国历史文化的不同

中国古代以"中央大国"自居，有着"大一统"思想。自 19 世纪以来，尤其是近一百年以来中国遭受到一系列西方列强侵略和欺凌。落后就要挨打，弱国无外交。自新中国建立以来，自强不息、自力更生、改革开放，中国和平崛起，努力实现"中国梦"。然而，中国的和平发展却被西方看作是"中国威胁"；中国经济发展，资金充足，投资世界上需要的国家和地方，为当地国家和人民造福却被西方指责为"新殖民主义"，对外"资源掠夺"；中国人出国旅游，西方一方面表示欢迎，另一方面见中国人多了，又出现种种指责和攻击，不一而足。

（二）中德两国政治制度不同

德国的崛起，西方并没有说三道四。德国发动过两次世界大战，两次失败。德国反思历史，把自己融入西方、融入欧洲，联合法国，推动欧洲

联合，德国成功了。自从现代民族国家形成以来，中国历史上极少对外用兵扩张疆土。中国强调以理服人、和睦共处来处理国与国之间关系。中国多以互利互惠、互谅互让的理念处理与别国的关系。中国疆域的扩大和朝贡体制的建立也主要是以外邦对中国文化的认同和采纳为基础的。中国一直宣示外交路线中的和平主旨，希望能够打消别国对中国迅速崛起的误解和担忧。一个国家的道德规范和价值取向，都深深植根于该国的文化中，是国家软实力的关键成分。中华民族文化是中国民族利益的表达方式。中华复兴、中国崛起，都必须以我们五千年的中华文化为立国之本。此外，还需以儒家文化为核心的中华文化，在中华民族历史融合的过程中兼收并蓄、博采众长，成为凝聚中华民族的精神源头，其魅力不仅体现在经历了数千年的历史传承，也体现在文化传统对于当今的时代挑战带来了意味深长的启示。

（三）政治体制差异

中国的人民代表大会制度与德国及西方的议会制迥然不同。中国的人民代表大会制度是中国的根本政治制度，一切权力属于人民。人民行使国家权力的机关是全国人民代表大会和地方各级人民代表大会。全国人民代表大会和地方各级人民代表大会都由民主选举产生，对人民负责、受人民监督。全国人民代表大会产生国家行政机关、审判机关、检察机关，并对它们实行监督。中国的人民代表大会制度作为代议制的一种形式，它与西方国家议会在功能上既有相同之处，也有不同之处，相同之处在于它们都是民意机关和立法机关。但更重要的是，中国的人民代表大会与西方议会具有以下本质的不同之处：

1. 人民代表大会是最高国家权力机关。

中国宪法明文规定：国家的一切权力属于人民，人民行使权力的机关是全国人民代表大会和地方各级人民代表大会。各级人大由民主选举产生，对人民负责，受人民监督。各级人大又受人民委托产生国家行政机关和司法机关，由它们来行使行政权和司法权，行政机关和司法机关要对人大负责，受人大监督，由此保证了人大作为国家权力机关的全权性与至上性。西方议会包括德国联邦议会，通常只是立法机关而非权力机关。西方国家实行三权分立，立法、行政和司法机关相互独立，它们之间是分工与相互制衡的关系，不存在领导和被领导的关系。中国的人民代表大会一旦作出决议，行政、司法机关必须无条件执行，德国联邦议会则与此相反，议会和司法、行政之间是相互独立的。

2. 与执政党的关系不同

中国共产党是执政党，人大是在中国共产党领导下建立起来的。在中国，除共产党外还有多个民主党派，由于历史和现实国情的原因，它们与共产党"长期共存，互相监督"，它们之间是执政党与参政党的关系。而在德国和其他西方国家，各政党基本处于轮流执政状态，相互之间是执政党和在野党的关系，政党在议会中组建各自的议会党团来发挥和行使党的领导作用。

3. 组织结构不同

中国人大内部结构分为两个层次，即人大全体会议（人民代表大会）和人大常务委员会（常委会），县级以上人大代表大会才能下设常委会。因为人大代表人数众多，代表们都担任着各种职务。人大每年开一次会。常务委员会的委员在人大休会期间到各地各行业进行调查并写出调研报告，建言献策，交人大审议。常委会对代表大会负责，受代表大会监督。常委会成员不得兼任行政、司法工作。德国及其他西方国家议会议员都是专职政治活动家，直接由所在选区选民选举产生，各司其职。

德国和其他西方国家的议会分为两院，即上院（德国联邦参议院，代表地方利益）和下院（众院，联邦议会），它们各自分工，结合起来行使议会权力。中国的全国人民代表大会是一个立法机构，而中国人民政治协商会议，只是各党、各界的政治协商机关，而不是立法机关。邓小平说："西方的民主就是三权分立，多党竞选等。我们并不反对西方国家这样搞，但是我们中国大陆不搞多党竞选，不搞三权分立、两院制。我们实行的就是全国人民代表大会一院制，这最符合中国实际。如果政策正确，方向正确，这种体制益处较大，很有助于国家的兴旺发达，避免很多牵扯。""我们说搞经济体制改革，全国就能立即执行，我们决定建立经济特区就可以立即执行，没有那么多互相牵制，议而不决，决而不行。就这个范围来说，我们的效率是高的，我讲的是总的效率。"

4. 政党制度不同

我国的人民代表大会制度是中国共产党领导下的新型的社会主义民主政治制度，它是我国公有制为主体的经济基础决定的。中国革命和实践表明，没有中国共产党的领导，就没有新中国，就没有我国人民代表大会制度的建立和发展。只有在中国共产党的领导下，国家权力机关的作用才能得以正确、有效的发挥。这是历史发展的必然结果，是我国民主政治的一大特色。在西方国家，实行的是两党制或多党制，议员的选举，议会以及政府的组成、活动都受政党操控。在议会选举中获得多数席位的政党，或政党联盟的领袖，或当选的总统，组织政府掌权的政党为执政党，未参加政府的为在野党。德国基督教民主联盟——社会联盟代表资本财团利益。德国社会民主党的党员成份，虽然工人和一般劳动阶层占多数，但也是资本利益集团的代表。

中国的社会主义民主集中制与西方的议会民主制有本质的区别。中国宪法第三条明文规定："中华人民共和国的国家机构实行民主集中制"。毛泽东在中共七大上，把民主集中制中"民主"与"集中"的关系概括为"在民主基础上的集中，在集中指导下的民主"，小称"无产阶级民主"。无产阶级的政治制度，是无产阶级和广大人民享有的民主。它是绝大多数人的民主，其同资产阶级民主有本质的区别。毛泽东主席指出："我们的民主不是资本阶级的民主，而是人民民主，这就是无产阶级领导的、以工农联盟为基础的人民民主专政。"在社会主义制度下，人民是国家的主人，国家的一切权利属于人民。人民有权管理国家事务，监督国家机关及其工作人员，依法享有人身自由、言论、通信、出版、集会、结社、游行、示威、宗教信仰等自由，在法律面前一律平等。社会主义民主的建设必须同社会主义法制的建设紧密地结合起来，使社会主义民主制度化、法律化。"中共中央将坚定不移坚持和完善中国共产党领导的多党合作和政治协商制度，坚定不移贯彻长期共存、互相监督、肝胆相照、荣辱与共的方针，加强同民主党派合作共事，支持民主党派更好履行参政议政、民主监督职能。"

13 世纪英国出现著名的"大会议"和"模范会议"的议会制形式，中世纪一些欧洲封建城市共和国相继采取的议会制的内容和形式，如法国的"三级会议"，德国的"帝国议会"，但是这些议会制形式多于内容，本质上还是专制，不能称为真正意义上的议会民主制度。

近代意义上的议会制度起源于英国。1688 年"光荣革命"后产生的封建等级代表会议，与内阁制相结合而正式确立，进而形成了凌驾于国王之上的最高立法机关。这种议会制被其他资产阶级国家认可且得到迅速传播和发展。

人民代表大会制和西方议会制的区别

		人民代表大会制度	议会制（指代议制中的议会制）
不同	最高机构	全国人民代表大会	议会
	常设机构	有常设机构，掌握国家权力	有常设机构，但一般不掌握国家权力
	行使权力	立法、任免、决定、监督权，两者基本相似	最高司法、立法、监督权等，两者基本相似
	组成政府	人大代表团拟定候选人，并进行投票	议会选举中获多数席的政党领袖任首相（总理）并组阁
	国家机关之间的关系	民主集中制	三权分立（立法、行政、司法）

(来源：曹沛霖、陈明明、唐亚林主编《比较政治制度》，高等教育出版社，2005 年 1 月)

西方国家的议会制民主，实质上是各势力集团的利益划分和分配。议会议员在名义上也是由选民民主选举产生，但议员由各个政党推举，并代表各政党的利益。议会由议会党团组成，议会的决议、决定、政策都是经过各个议会党团议决后，再相互"协商"后决定，实际是利益分配后才决定的。德国联邦议会有四个议会党团组成，即基民盟—基社盟议会党团（CDU、CSU – Fraktion）、社会民主党议会党团（SPD – Fraktion）、自民党议会党团和联盟90—绿党议会党团。各个政党代表各自不同社会群体的利益，比如基民盟—基社盟代表大财团和大资本的利益，社会民主党代表工人和一般群众的利益，自由民主党代表小企业主的利益，新型的联盟90绿党则代表所谓生态保护主义的利益。

（四）政治文化不同

德国的外交政治文化发展历程不同于世界上其它国家。1949年至两德统一前，西德外交政治文化的发展以及对海外派兵政策和欧洲政策确立了西德外交政治文化的基础，即反军国主义、多边主义和欧洲整合。"克制文化"和"不要再有战争"这一行动准则成为德国外交政策的方针。联邦政府和绝大多数的德国人不仅拒绝参加任何形式的战争，而且拒绝向北约范围之外派遣德国士兵。在欧洲政策方面，联邦政府推行积极的欧洲政策，一方面，联邦政府致力于推动西向联合以及欧洲整合，另一方面则推行新东方政策，以缓和与东欧国家之间的关系，特别是与波兰、捷克及苏联之间的关系。1990年后，德国外交政治文化的发展更多呈现了连续性。多边主义、反军国主义以及欧洲联合仍然是外交政治文化的核心。德国外交政治文化的延续性首先体现在其欧盟政策上，作为欧盟中的发动机，不管是卸任的施罗德政府还是现任大联盟政府都致力于推动欧盟的深化及扩大。与此相对应，绝大多数德国民众也赞同德国的欧盟成员国身份，但与扩大欧盟相比，大多数德国人倾向支持深化欧洲联合。

1. 所谓政治文化，并不是指习惯中政治和文化的简单组合，而是指某一较长时间里体现某个国家、社会、阶级或社会集团特点的政治倾向和政治行为模式，是其社会心理环节。统一后德国政治文化的主要特点是：民主体制得到了广泛认同，对于德国这样一个崇尚国家权威、有着魏玛共和国失败经历、发动过两次世界大战的国家，民主的进程尤其艰难。二战结束后，在西方占领国的民主熏陶下，在联邦德国政府的不懈努力下，尤其是当联邦德国成功实现经济奇迹、公民物质生活水平日益得到改善和提高的前提下，民主的理念也开始逐步扎根于公民的深层次意识之中。德国统一是以德意志民主共和国，按照德意志联邦共和国《基本法》第23条加入德意志联邦共和国的形式完成的。这就意味着：德国的统一是在民主德国自愿接受联邦德国的政治体制，政治价值上选择皈依西方的前提下完成的。1991 年 4 月的一项民意调查表明：86% 的西部居民认为民主是最好的国家形式。在东部这一赞成比例也达到了 70%。统一没有动摇德国《基本法》规定的民主政体、联邦国家、法制国家和福利国家原则。

2. 德国外交政治文化的变化主要体现在其海外派兵政策上。自 1990 年海湾战争开始，德国外交和安全政治文化由单一的反军国主义文化转向复杂、多样的文化，反军国主义不再是外交和安全政治文化的唯一准则。与此相对应，多边主义和欧洲联合开始体现出其重要性。而安全行动准则"不再有奥斯威辛"代替了原来"不再有战争"的准则。这一变化体现在德国海外派兵政策上就是："支票外交"被主动参加联合国、北约的维和行动取而代之。1999 年科索沃战争、9.11 事件后的反恐行动以及伊拉克战争三个事例充分说明，基于内外条件的改变，统一后的德国奉行更为主动但又审慎的海外派兵政策。特别值得一提的是，由于北约对南联盟的军事打击并没有获得联合国安理会的授权，因此尽管施罗德政府仍然以多边主义、同盟国的团结性、"不再有奥斯威辛""不再走特殊道路"以及人道干预等理由为其派兵参战辩护，但掩盖不了其派兵行动且违背了联邦德国外交政治文化的本质。由此可以说明，一国的外交政治文化只能影响该国外交行动的可能性，但是无法从该外交政治文化中推出一项具体的外交政策或行为。而施罗德政府在 2002 年大选中利用民意，将伊拉克战争工具化的行为加以说明，一国外交政治文化对该国外交政策的影响是十分有限的，政治精英的行为一定程度上也会干预外交政治文化对外交政策的影响。总的来说，统一后的德国外交政治文化没有发生根本的转变。无论是在海外派兵问题上还是在欧洲政策方面，多边主义、欧洲联合以及反军国主义作为其核心准则，仍然被绝大多数政治精英和德国民众所接受。

3. "克制文化"在很长一段时间内依旧会影响德国的外交政策。普通民众对内政外交越来越感兴趣，参与度越来越高也说明德国已经树立了参与型的政治文化。但需要注意东西德民众间仍存在着明显的意见分歧。这将会影响一个统一的德国外交政治文化的形成，而其对外交政策或行为的影响也会日益明显。在现代国际关系中，只有经贸关系可以在一定程度上游离于外交关系和政治关系之外。这就是当代国际关系中出现的一种所谓"政冷经热"的奇特现象。

（五）民族中心主义

作为"文化相对主义"的对立面，"民族中心主义"是跨文化交际研究中的一个重要研究对象。该现象也可以从建构主义视角进行解读。所谓民族中心主义，其是一个无意识的倾向，从自己团体的视角来观察其他民族，将自己的风俗和标准变成所有判断的标准。① 也就是说，民族中心主义以自己的文化为中心点，视其为放之四海而皆准的真理，并以之作为评价衡量包括异文化及其成员在内的一切事物的标准。民族中心主义的集体无意识和等级排序带来的是自我群体和文化的优越感，而贬低其他文化。中国在德国媒体中常常以负面形象出现在德国人面前，其最简单，也是最深层的原因，在于德国媒体及西方某些媒体的固有偏见。当然也有人把这种偏见说成是两国文化（广义）之间的差异。"不一样即危险"，这是 Hofstede 在文化纬度"规避不确定性"中提出的。规避不确定性是用来衡量一个社会对于不确定的与不可预见事情的容忍程度。它显示出一种文化指导它的成员在非结构化情形下感到不舒适或者舒适的范围。德国是具有高度规避不确定性文化的国家，人们往往将陌生的、不一样的东西视为危险的，从这个意义上说，中国与德国不一样，所以中国是"危险"的，当这个不一样的国家强大到与德国势均力敌的时候，就构成了"威胁"。

中华民族五千多年的光辉悠久历史，是以爱国主义为核心的中华民族精神之魂，是几千年来中华民族奋发向上、百折不挠、前赴后继、奋斗不息的精神支柱。在当今世界潮流中，不仅经济政治竞争激烈，文化软实力的竞争更是一场看不见、摸不着的暗争。我们必须大力继承和发扬优秀的

---

① Samovar, L. A. / Porter, R. E. （Hrsg.）: Intercultural communication, Belmont: Cal., 1972, S. 10, zit. n. Maletzke, Gerhard: Interkulturelle Kommunikation. Zur Interaktion zwischen Menschen verschiedener Kulturen. Opladen: Westdeutscher Verlag. 1996, S. 23.

中华文明，这是实现中华民族伟大复兴、实现"中国梦"的重要思想保证。江泽民曾经指出："实现中华民族的伟大复兴，不仅需要发达的物质文明，而且需要先进的精神文明"。在第十二届全国人民代表大会第一次会议上，习近平当选为中华人民共和国国家主席，其发表讲话说："中华民族具有5000多年连绵不断的文明历史，创造了博大精深的中华文化，为人类文明进步作出了不可磨灭的贡献。经过几千年的沧桑岁月，把我国56个民族、13亿多人紧紧凝聚在一起的，是我们共同经历的非凡奋斗，是我们共同创造的美好家园，是我们共同培育的民族精神，而贯穿其中的、更重要的是我们共同坚守的理想信念。实现全面建成小康社会、建成富强民主文明和谐的社会主义现代化国家的奋斗目标，实现中华民族伟大复兴的'中国梦'，就是要实现国家富强、民族振兴、人民幸福，既深深体现了今天中国人的理想，也深深反映了我们先人们不懈追求进步的光荣传统。面对浩浩荡荡的时代潮流，面对人民群众过上更好生活的殷切期待，我们不能有丝毫自满，不能有丝毫懈怠，必须再接再厉、一往无前，继续把中国特色社会主义事业推向前进，继续为实现中华民族伟大复兴的'中国梦'而努力奋斗。"

刘云山于2014年1月4日，在北京召开"培育和践行社会主义核心价值观座谈会"上指出："源远流长、博大精深的中华优秀传统文化，积淀着中华民族最深层的精神追求，包含着中华民族最根本的精神基因，是社会主义核心价值观的深厚源泉。培育和践行社会主义核心价值观，就要从中华优秀传统文化中充分汲取思想道德营养，结合时代要求加以延伸阐发，既使中华民族最基本的文化基因与当代文化相适应、与现代社会相协调，又让社会主义核心价值体系之树深深植根于中华优秀传统文化沃土。"

不忘本才能开辟未来，善于继承才能更好地创新和发展。习近平在山东考察调研时指出："对历史文化特别是先人传承下来的价值理念和道德规范，要坚持古为今用、推陈出新，有鉴别地加以对待，有扬弃地予以继承。"培育和践行社会主义核心价值观，一定要以优秀传统文化为根基，增添文化的内涵、实现文化的关照，努力做到以文化人、以文育人。要结合"三个倡导"的基本内容，讲清楚中华文化的历史渊源、发展脉络、基本走向，讲清楚中华文化的独特创造、价值理念、鲜明特色，增强我们的文化自信、价值观自信。要认真汲取中华文化的思想精华、道德精髓，大力弘扬以爱国主义为核心的团结统一、爱好和平、勤劳勇敢、自强不息的思想和精神，深入挖掘和阐发中华传统文化讲仁爱、重民本、守诚信、崇正义、尚和合、求大同的时代价值，使中华传统美德实现创造性转化、创新性发展。当然，对待传统文化，也要辩证地对待，加强鉴别、合理扬弃，取其精华、去其糟粕，真正把中华传统文化这个宝库发掘好、利用好。

通过文化传承来以文化人、以文育人，既要有内容还要有载体，要有文化活动还要有文化产品。要广泛开展中华优秀传统文化的宣传普及活动，在国民教育中增加优秀传统文化内容，更好地用中华优秀传统文化滋养人们心灵、陶冶道德情操。现在，一些地方举办的经典诵读、道德论坛、文化讲堂，利用传统节日举办民间民俗活动，都是弘扬传统文化的好形式、好载体，近年来开展的"我们的节日"活动已成为传承中华文化、建设精神文明的一个品牌，这些都要在总结经验基础上继续抓好。要深入实施中华文化传承工程，围绕反映中华民族历史特别是近现代史、党史、国史，围绕实现中华民族伟大复兴的"中国梦"，制定工程规划、加强重点扶持，推出一大批弘扬爱国主义、集体主义、社会主义思想和当代中国价值观念的精品力作。这里还要强调，所有精神文化产品都应当有一股精气神，有利于引导人们树立和坚持正确的历史观、民族观、国家观、文化观，增强做中国人的骨气和底气。

国际关系也是一种跨文化交际关系，大多数人都把自己的文化看作为世界的中心点，当作是衡量一切事物的标尺。正是由于这种文化中心主义的跨文化态度，使得德国在与中国的交际中，将中国文化与其不一样的地方视为负面的。文化交流可以打破传统的意识形态上的差异和束缚，回避中西方在政治、经济上的矛盾和敏感问题；有利于在西方媒体报道之外另辟蹊径，更加有效地让外国受众了解真实的中国，这对于改变西方受众对中国的刻板印象具有不可低估的作用。中国不是作为"异域"的"他者"而受到排斥，而是在"认同的空间"内享受平等对话与交流。

　　和平崛起赋予中国现代文化新的内容和新的发展使命，因此，中国需要确立和平崛起的最优文化战略途径，凝聚民族精神，培养民族新气质，探讨中国历史文化发展模式的新道路。

第六章

欧债危机背景下的中德关系——案例分析之二

中国传统思想中的"道"就是讲的人与人之间的关系，强调"道"、道德观念对维系社会秩序的稳定和人际关系的和谐的重要作用。中国人常说的"先礼后兵"，就是说先要用礼来说服人，说服一切，即以礼服人。在用礼达不到目的的时候才用兵，这就是后发制人，这与西方的先发制人是相对立的。中国是一个礼仪之邦，礼对中华民族的文化传承，对国家的长期稳定发挥着重要作用。礼治的核心是"仁"，仁是属于道德范围，礼治的根本在于道德。礼治是相互尊敬、互相遵守共同的礼貌规则。但是建构主义强调共同文化，实际上从目前国际形势看，应当是让发展中国家顺应发达国家的文化，这样形成的一种共同文化，其实是拿"共同"掩盖了强弱之间的支配关系。

随着德国经济地位的下降和中国经济的腾飞，德中两国在互视对方时必然会产生新的认知，以反对武力、追求世界和平、经贸互补作为关系发展的坚实基础。德中战略伙伴关系的重要性不断增强，对公共外交的需求日益增大，只有加深了解，才能避免误解，共同应对全球性的危机，实现共同发展。德中两国能否成为发达国家和发展中国家双边合作的典范，很大程度上取决于德中相互的理解以及德国对异族文化的尊重和包容。历史已经证明，中德两国，和则两利，斗则俱伤；这是基于双方各自的发展需要，中德两国为了自身利益，需要发展中德关系，这也是在时代潮流下的必然选择。

第一节　欧债危机中的力量对比变化

在国际关系学界，中德关系尽管没有中国和很多其他大国的关系那么引人注目，但是随着中国国际地位的提高，欧盟力量的增强以及欧盟成为中国抗衡美国超级大国霸权的合作力量，德国作为欧盟的领头羊，德中关系的重要性日益增强。

按照建构主义的理论逻辑，中德关系是由身份认同和国家利益在双方互动实践中建构的。近些年来，中国的迅速发展正引起全世界的密切关注，随之也不可避免地引起部分西方国家的惊恐，也包括一些来自邻国和发展中国家的误解。这既是对中国国家发展目标和国家形象的不信任，也是对中国经济和社会发展的畏惧。对于中国在改革开放理论指导下，综合国力快速发展，中国 GDP 已位居世界第二。西方认为这是一个很大的冲击，西方国家心态复杂，看法不一，众说纷纭，有唱衰中国的，有赞扬中国的，出现了应对中国崛起的不同主张。但其中多数主张仍然是对中国不放心，仍然对中国采取防范的态势。"中国威胁论"就是其中一种典型的代表性观点。

德国对中国走向世界的态度其实就是德国对中国模式走向世界的反应。德国在中国的发展问题上具有双重情节，这就是德国对中国的崛起持着矛盾的态度。一方面，中国经济的快速发展为德国提供了市场和合作机遇，尤其可以促进德国对中国的出口；另一方面，其又担心中国的崛起会独霸东亚，甚至独霸亚洲，成为亚洲的安全隐患，影响德国在亚洲的利益。特别是国际金融危机和欧债危机期间，西方国家经济不景气的情况下，风景这边独好，中国经济却保持持续稳定发展，"中国模式"在世界范围内的影响力不断扩大。西方很多专家都把中国的经济快速发展归结于中国的政治制度，认为这种制度有着很大的政府监控力，有利于贯彻实施反映国家利益的政策。而这却是德国和其他西方许多国家不能接受的，在他们眼睛里中国的政治制度是所谓"不民主、不自由"的，中国发展模式是对西方模式的挑战。2013年7月，德国《明镜周刊》上刊有一篇名为"经济超级大国：中国的崛起让德国害怕"的文章，里面的民意调查显示，德国人对中国有着比较消极的印象，87%的德国人认为中国"不尊重人权，政治制度不民主，外交政策肆无忌惮，对内镇压民众"。这种荒谬的调查只能说明，德国相当多的政治精英和民众仍然抱着冷战思维，仍然戴着有色眼镜看中国，对中国的进步视而不见，充耳不闻。

一、德国面临危机

作为欧盟一体化的火车头，德国积极投入到解救欧债危机的进程中，不仅因为德国从欧元区中受益，更是出于欧盟的长期稳定与发展的考虑。毕竟，依靠欧洲，是德国国家身份的定位之一。欧洲的稳定与发展，对德国而言，其重要性不啻于德国自身的稳定与发展。"拯救希腊就等于拯救德国自己和欧元区。"德国强大的国民经济需要一个稳定的共同的经济区，所以欧元区对德国十分重要。

欧元区面临着自1999年成立以来最为严重的主权债务信用危机。在欧洲很多国家饱受债务危机困扰之时，作为欧盟经济领头羊的德国，经济表现依然看好，这不仅在德国外债相关系数上有所体现，在经济总体发展情况方面也很明显，德国银行业的表现也是良好的。作为欧盟经济火车头的德国，2011年经济形势发展乐观，并带动了整个欧盟和欧元区经济的缓慢增长。那么，德国经济模式的优势，以及经济能够保持稳定增长的原因何在呢？第一，德国产品质量信誉保证。德国机器制造业、医疗产品在世界上名列前茅，"德国造"（Made in Germany）享誉全球。比如西门子医疗器械，就是一个信得过的产品。第二，德国信誉，信守承诺。在国际合作以及发展援助中，德国不仅给予物质援助，而且还给予技术援助，把技术教给发展中国家人民。第三，德国人工作认真负责，讲究精确，绝不马虎。德国产品是信得过的产品，出口仍然保持较好的态势。

二、中国实力增长

作为亚洲唯一的联合国安理会常任理事国，中国在亚洲的影响力不容忽视，其对亚洲未来的政治经济和安全格局有着至关重要的影响。随着中国国力的日渐强大和国际地位的不断提升，中国越来越意识到自身的国际责任：促进地区经济繁荣，塑造和平的地区环境，促进世界的和平和稳定，维护现存的国际秩序，推动现存国际秩序的调整和改革。完成"负责任大国"身份塑造的途径，主要包括：努力开展区域主义经济外交，帮助和支持发展中国家的经济发展，大力倡导和落实新安全观，深化与世界主导力量或重要组织间的战略对话，积极参与和主导多边国际制度的建设。

对于像德国这样一个西方国家而言，国际体系的结构变化以及两国之间实力差距的明显缩小，对于德国的自身认同是一种强大的冲击。西方在处理世界事务时的最终目的是维持其霸权和统治，所以，西方将会试图阻止正在崛起的国家，尤其是中国，以此实现他们自己的目标，提高自己的地位。不同的政治制度和价值体系也导致双方不信任。中德之间既有相互合作的吸引力，又存在着德国的失落感和被威胁感。

第二节　为走出危机而合作

德国致力于在世界舞台上，首先在欧洲层面上扮演一个领导角色。欧洲一体化依然是德国核心国家利益所在。德国是欧盟最重要的国家，欧洲债务危机的最终解决主要取决于德国。欧洲主权债务危机中，德国的特殊责任和重要作用正在上升，德国在欧洲的影响力逐渐上升已经成为今年经济形势的重要特点。两德统一后，德国成为了一个"正常国家"，一方面，德国继续推动欧洲一体化进程；另一方面，作为一个"正常国家"，德国日益敢于追逐本国的经济利益，德国现在的许多领导人和民众把欧洲一体化看作理所当然的事情，不愿继续为此无限制地付出代价。毫无疑问，德国在欧盟中的地位日益突出，在此次欧债危机中甚至"被"推上了领导位置。但至今为止，尚不能说会出现"德国的欧洲"，毕竟德国的邻国虽然希望德国在欧债危机应对中担当领导并慷慨买单，但是内心里对于德国的领导仍然心怀警惕和嫉恨。为此，德国政府至少在言辞上也会刻意消除德国意欲主宰欧洲的印象。哈贝马斯有一个说法，即德国是"欧洲的德国"，但是"在一个打上德国烙印的欧洲中"。欧债危机如果没有德国的支持，或者违背德国的意愿，将不可能解决，因而德国被推上风口浪尖。但是，德国对这场危机的严重性一开始估计不足，主观上并没有做好准备，积极寻求解决问题的办法，外界亦对其危机中的外交政策与欧洲政策颇有微词，欧债危机亦是德国的危机。当问题暴露得越来越多，只能寻求外部援助，而资金充裕、条件又不苛刻的中国，算是理想的选择之一。对德国而言，请来外部援助，既可以避免因"救助懒汉"丢失选民，又可以避免和美国正面博弈，还能够解决欧盟的问题，何乐而不为呢。

一、德国对待希腊与欧洲债务危机的态度

起初，德国在救助希腊问题上比较沉默，认为这首先是希腊自己的事情，并不情愿施以援手。时代不同了，德国对欧洲的责任也有所不同。美国《时代》（Time）（2011年10月3日）说："历史上，德国试图控制其邻国的企图都没有遇到好结果。今天，德国不愿意被视为有意在外交上和经济上主宰欧洲。"所以，德国在救助希腊等国的危机时不太愿意发挥领导人的作用。德国不愿意"出头"有两方面的原因：一是其他国家希望德国出来领导，主要是希望德国为欧债危机买单，并非想让德国人出来做规矩，把欧洲变得更像德国；二是欧债危机暴露了欧洲国家对德国的警惕。例如，希腊人认为德国还未清偿它大量源自二战的债务，再如，英国有报纸称"第四帝国正在崛起：看德国如何利用金融危机主宰欧洲"。因此，德国政府必须处处小心，至少在言辞上保持低调，为此，默克尔在2011年12月初的联邦议会的原则讲话中再次表示，德国不谋求在欧洲的主导地位。

德国的民调显示：起初，多数德国人反对救助希腊；后来又反对扩

大对希腊的救助；德国总理默克尔不能不顾及到本国选民的最初反应，迎合国内民意，对危机反应迟缓，进而至少影响到债务危机的解决效率。按哈贝马斯的说法，默克尔是受民意调查结果驱动的机会主义。并且我们从其他例子中也可以观察到，德国的外交政策与欧洲政策日益以本国利益，尤其是经济利益为中心进行考量，即外交服务于国家的政治经济利益。

随着希腊危机和欧元危机进一步的恶化，德国利用自身力量，在某种程度上可以理解为单边行动，基于维护自己利益，特别是经济利益，让其他国家遵守德国规则，效仿德国模式。比如，在德国要求下，给予希腊救助被视为最后手段，并且需按照市场原则进行贷款；同时要求国际货币基金组织（IMF）与私人债权人参与救助行动，即银行减记等。

2012 年初，德国《国际政治（Internationale Politik）》期刊中发表了文章，主题为欧盟中的德国角色，就欧债危机中的德国角色进行了民意调查，12% 的受访者认为德国对其他欧盟成员国考虑太少，42% 的受访者认为德国对其他欧盟成员国照顾太多，44% 的受访者认为德国的行为恰到好处。在18~59 岁这个年龄段的人群中，上述比例几乎没有很大的变化。65% 的基民盟与基社盟的追随者，以及自由民主党（FDP）的追随者都认为德国在欧盟内部很好地保持了平衡。左翼联盟（Die Linken）的态度最为复杂，他们中30% 的人认为德国为其他欧盟成员国考虑太少，51% 认为德国为其他欧盟成员国考虑太多，只有 19% 的人认为德国的行为正合适。

二、中国应对欧债危机的态度

在中国学者当中，对于是否出手也存在着意见不一的情况。一些学者认为，中国不应该出手救欧洲。如中国社科院世界经济与政治研究所副所长何帆认为："救欧洲最该出手的是德国。"国家发改委经济顾问国世平也持这一观点，首先，从投资的角度来看，买国债的风险太高，中国救了欧洲，自身也会遭受重大损失。其次，欧洲因为社会福利体制，政府必然债台高筑，中国救得了一时，也救不了一世。第三，欧洲到目前为止都没有承认中国的市场经济地位，也没有解除对中国的高科技产品的禁运。第四，欧洲经济差，但欧元处在高位，买欧元不合算。

相反，上海国际问题研究所研究员鲁傅颖认为中国应该救欧洲，其主要出于三点考虑：

（一）中国是全球少有的有能力救欧洲的国家之一，美国自顾不暇，中国就是众望所归，如果中国袖手旁观，可能会招致政治上、经济上、舆论上的压力。

（二）欧洲是中国最重要的贸易伙伴之一，欧洲的前景也关系到世界经济的发展，欧洲长期处于危机中不利于中国的出口及国内经济的发展。

（三）现行的由欧洲和美国所设立的国际体系，因为金融危机以及债务危机受到重创，而中国等新兴国家实力有所增强，欧洲和美国的心态必定有所变化。中国现代国际关系研究院欧洲研究所的所长冯仲平提出是否援助欧债危机，还要考虑两点：一是从技术层面看是否可行，一方面还要站在中国外交战略的层面上考虑欧盟的战略地位。中国对欧洲提供援助，一方面体现了对合作伙伴的支持；另一方面，也是中国在国际舞台上塑造负责任大国形象，倡导中国外交理念的良好时机。相对于切实可见的资金利益，抽象的形象、理念等利益因素虽然看不见、摸不着，但却能够对国际交往产生重要影响。

三、中德两国对国际金融体系改革的态度

早在 2009 年，德国领导人就在推动欧盟为国际金融危机寻找对策，并提出改善国际金融市场透明度，建立针对"避税天堂"的处罚机制，加强国际货币基金组织和金融稳定论坛的作用等建议。默克尔在与中国领导人的会谈中，也每每提及改革国际金融体系，谋求与中国在此类国际问题上的共识。

中国领导人也多次在国际场合表示，愿推进国际金融体系改革，促进世界经济可持续发展。

2010 年 1 月中国国务院总理温家宝访问德国期间，中德两国发表了

《中德关于共同努力稳定世界经济形势的联合声明》，双方强调愿携手推动中欧关系继续快速发展，并一致认为中德作为两个主要经济体和出口大国，在应对当前经济金融危机方面有着特殊的影响，中德合作具有特殊意义。

胡锦涛主席 2011 年出访美国时指出："国际金融危机发生后，在国际社会和二十国集团共同努力下，国际金融体系改革取得了进展。中国希望国际社会共同努力，继续推进国际金融体系改革，推动国际金融秩序不断朝着公平、公正、包容、有序的方向发展"。

在国际金融体系改革的问题上，中德两国始终持有相同或相近的看法，并且双方合作具有广阔的前景和现实的必要性，这也是中德战略伙伴关系的重要组成部分。

在欧债危机中，中国倾向于支持欧洲渡过难关，并且愿意提供帮助。面对危机，中国并未袖手旁观，而是积极采取措施救助欧洲，特别是帮助欧元区国家一臂之力以帮助他们克服危机，渡过难关。欧洲已经从世界中心渐渐变成了大西洋体系里较弱的一部分，真正有了被边缘化的危机感。德国为了欧洲一体化，就不能让这种危机影响妨碍欧洲一体化进程，就要借助外力来克服危机。在德国人看来，纵观世界各国包括美国都无能为力，而中国是世界第二大经济体，有着庞大的外汇储备，能够向欧洲伸出救助之手，拉欧洲一把，使其摆脱债务危机之困境。

中国作为具有世界影响力的地区大国和国际体系内负责任的社会主义发展中国家，迅速发展的大国，其外交正从应对型转为主动进取型，从"韬光养晦"转为"有所作为"，这是源于中国作为发展中国家的基本国情，源于中国文化传统"己所不欲，勿施于人"的理念。从国际政治伦理和外交哲学层面上看，"韬光养晦"是国家追求和保持谦虚自信、与人为善、和谐发展的高尚道德境界，体现了中华民族在思考民族复兴与世界共同发展方面的大智慧。当然，只凭"韬光养晦"不能提高国家声望，还必须有所作为。中国已经来到国际舞台中心，世界的繁荣与稳定需要中国，中国的发展与强大也离不开世界，中国已经成为世人瞩目的中心。在世界中心舞台上，中国不能只考虑到自己的利害，更要谋划世界的未来。习近平总书记曾经在一次讲话中，讲到利和义的关系，强调说："有时候为了义，有必要牺牲一点利。世界的未来是义，人类的共同利益是义。"

在中德关系上，可以说，中国认同德国在欧盟的地位和作用，支持德国在克服欧债危机的过程中发挥主导作用，同时也愿意向欧洲伸出援助之手，帮助欧洲尽快走出危机，恢复经济增长，为世界经济的稳定、复苏和发展再增添一股动力。

第七章

中欧贸易摩擦中的战略合作伙伴——案例分析之三

第一节　竞争与合作并存

早在 2007 年，金融危机之火已经燃烧到德国的相关公司，但经济学家们却一致认为：德国经济的基本面（出口和私人消费）依然向好，短期内不会遭遇直接的负面影响。[①] 但自 2007 年下半年开始，情况的恶化大大超出人们的想像。2008 年第二季度后，德国经济连续出现三个季度的负增长，陷入衰退。2008 年国内生产总值仅为 1.3%，远低于预期；2009 年国内生产总值更是下降了 4.7%，这是 1949 年联邦德国建国以来最大的降幅。德国是世界出口冠军，出口达到 48%，因而受到世界金融危机的冲击也最大。按德国的统计，2009 年出口下降了 14.3%，进口下降了 9.4%，出口增长率下降了 50%，只有 3.9%。企业投资大幅度减少，失业人数反弹，失业率上升到 8.2%。[②]

金融危机中，德国的确遭受打击，但相比其他欧洲国家，德国还算得上是"独善其身"了。及至欧债危机的爆发，德国逐渐从金融危机的冲击中复

---

① http://roll.jrj.com.cn/news/2008 - 03 - 25/000003449713.html，2012.04.02.

② OECD erwartet fünf Millionen Arbeitslose in Deutschland. URL：http://www.tagesschau.de/wirtschaft/oecd120.html，2012.04.02

苏，2011年经济增长率接近3%，失业率达到了十年以来的最低点，跨国大银行的经营业绩同比增长，尽管面临大环境带来的压力，但始终存在一定的增长空间，这得益于德国持续进行的社会经济改革。

作为欧盟一体化的火车头，德国积极投入到解救欧债危机的进程中，不仅因为德国从欧元区中受益，更是出于欧盟的长期稳定与发展的考虑。毕竟，依靠欧洲，是德国国家身份的定位之一。欧洲的稳定与发展，对德国而言，其重要性不啻于德国自身的稳定与发展。"拯救希腊就等于拯救德国自己和欧元区。"① 德国强大的国民经济需要一个共同的经济区，所以欧元区对德国十分重要。

在过去二十几年里，中国经济年均增长8%，全球第一，"中国已经成为亚洲经济增长的引擎"。中国在全球性经济危机和金融危机过程中始终保持很高的年增长率，在金融危机中，欧洲、美国、日本都遭到了削弱，而中国相比起来受到的影响则比较小。

作为亚洲唯一的联合国安理会常任理事国，中国在亚洲的影响力不容忽视，对亚洲未来的政治经济和安全格局有着至关重要的影响。随着中国国力的日渐强大和国际地位的不断提升，中国越来越意识到自身的国际责任：促进地区经济繁荣，塑造和平的地区环境，促进世界的和平和稳定，维护现存的国际秩序，推动现存国际秩序的调整和改良。完成"负责任大国"身份塑造的途径，主要包括：努力开展区域主义经济外交，帮助和支持发展中国家的经济发展，大力倡导和落实新安全观，深化与世界主导力量或重要组织间的战略对话，积极参与和主导多边国际制度的建设。

对于像德国这样一个西方国家而言，国际体系的结构变化以及两国之间实力差距的明显缩小，对于德国的自身认同是一种强大的冲击。更重要的一点是，中国的发展模式是西方民主和经验之外的另一种选择。"中国模式"（或称"北京共识"）的特征是构建全方位强大的政治领导，从而确保能够有效地管理社会和经济事务，西方在处理世界事务时的最终目的是维持其霸权和统治，所以，西方将会试图阻止正在崛起的国家，尤其是中国，以此实现

---

① Nechaj, Oleg, 2011, http：//german. ruvr. ru/2011/08/03/54144031. html, 2012. 04. 02

他们自己的目标，提高自己的地位。同时，不同的政治制度和价值体系也导致双方不信任。

世界经济的运转一部分基于中国经济的良好运行，如果中国出现了经济灾难、社会动乱，整个亚洲地区都会遭殃，这并不是德国希望看到的局面。中德之间既有相互合作的吸引力，又存在着德国的失落感和威胁感。源于中西方文化截然不同的政治传统、价值观念和历史文化的矛盾是难以改变的。中德之间的力量对比逐渐发生变化，中国逐步从德国的合作者也变成了德国的竞争对手。

第二节 德国坚持对话解决贸易摩擦

2013年，中国对欧光伏贸易面临困境。中欧双方经济规模接近，欧盟仍然放不下身价，仍持冷战思维，用有色眼镜看今天的中国。其根本原因是，双方缺乏互信，尤其是欧盟对中国缺乏政治信任。欧盟内部分为两股力量：一股支持发展中欧友好合作关系；另一股势力反对中欧友好，指责中国对欧投资"别有用心""要买断欧洲"。中欧互为最重要贸易伙伴之一，目前欧盟仍未摆脱债务危机的阴影，中国宏观经济下滑势头仍未得到有效遏制。在这种情况下，2013年，欧盟委员会不顾中国反对，对进口中国产的光伏产品执意发起反倾销立案调查，涉及金额巨大，关乎上千家中国光伏企业的利益和几十万人的就业问题，中国表示坚决反对。中国的光伏产品从规模和技术上都属于比较低端产品，与欧盟光伏产业的高端产品可以形成互补，形成良性循环。由于世界经济复苏缓慢，欧洲经济更不可言，光伏产业出现困难是周期性和结构性的，双方应该借此机遇加强合作，对光伏产业进行调整，升级改造。

一、中德互为重要贸易伙伴

中国是德国在欧盟之外最大的贸易伙伴和全球最大进口来源地，德国是欧洲对华直接投资和转让技术最多的国家之一。中国对德投资逐年增长，从2008年开始，德国就已成为中国每年在海外直接投资项目最多的国家。

德国历来主张自由贸易，反对贸易保护主义。德国GDP的二分之一来自出口，出口地区主要是欧盟。德国是一个依赖出口贸易的国家，其产值的48%销往国外市场。宝马、奔驰、保时捷、大众、奥迪、迈巴赫、巴博斯、欧宝、GMG、Mini等名车、克虏伯集团公司的钢铁产品和电气工程产品、巴斯夫石油化工、阿尔卡特、西门子及博世电器等扬名世界的"德国制造"。对于像汽车生产商大众、奥迪和保时捷之类的企业来说，中国已经成为了最重要的市场。

有调查表明，中国对德国投资兴趣最大。从投资企业的数量上来看，目前有近7000家德国企业在华，它们大部分是赢利的；共有1300多家各类中资企业在德设立了分支和代表机构，占德外资企业总数的2.8%。从投资数额来看，中国企业在德投资占德国企业在华投资不到10%，占外国企业在德投资不到1%。显而易见，在数据层面上，双方的投资是不平衡的，但这种不平衡状况正在发生变化。中资企业在德投资还有很大的潜力。

中国企业海外直接投资能够带来积极的影响，例如中国可以获取资源和先进技术，可以规避贸易保护主义，替代出口；可以扩大品牌影响力并提高市场份额等。从国家利益来看有利于：将"死钱活用"，将大规模国债转化为资产；缓解流动性过剩、外汇储备风险和通胀压力；也是对欧洲的有力援助。

对于中国在德投资，联邦政府总体上持一种积极态度，认为发展潜力很大。德国人和德国媒体对中国在德国不断增加的投资抱有一种矛盾的心理，中国的投资一方面可以推动德国的经济和就业，尽管这一影响目前还非常微弱；另一方面，又担心中国在德国的某些重要的经济及工业领域，通过投资高科技或购买核心技术使德国失去相关优势。德国民众这种担心乃至恐惧的心态，这种负面感受也主要是受到了德国媒体的渲染。

二、合理解决贸易摩擦

中德在直接投资领域长期存在不平衡，因此德国政府一直希望中国扩大对德直接投资。自 2011 年开始，中国已经是德国的头号投资者，德国媒体对此报道比较多，它们注意到中国近年来对德直接投资的重点转向了购买品牌和专有技术。

德国是中国最重要的欧洲贸易伙伴，主张谈判合作解决贸易争端，反对对抗扩大矛盾。德国坚持在贸易摩擦中对中国的支持，中德两国有着良好的政治关系，双方在联合国以及其他国际问题上都有着良好合作的传统。德国是欧盟的重要成员，在中欧之间产生贸易摩擦问题时，两国更应加强合作，搭建合作平台，共同促成双方之间产生摩擦的企业或单位坐到谈判桌上协商解决问题。德国从政府总理默克尔到在野党领导人和企业界，均对我们的关切做出了明确的正面呼应。默克尔总理代表德国明确表示："德国反对欧盟对华光伏产品征收永久性关税和对中国无线通讯产品展开'双反'调查，呼吁欧盟应和中方对话协商解决贸易摩擦。社会民党主席加布里尔和该党总理候选人施泰因布吕克在会晤李克强总理时也明确表示："对华'双反'同时损害了德国和欧洲企业的利益，影响就业和社会稳定，不利于欧中关系和全球自由贸易的发展，该党坚决反对，这是德国政坛的一致共识。"

在欧债危机和贸易摩擦的背景之下，深陷危机的欧洲与经济实力不断增强的中国之间，在有能力援助欧洲的中国和能推动中欧贸易摩擦磋商解决的德国之间，在强调德国应当救助欧洲的中国和赞成欧盟对华征收临时惩罚性关税的德国之间，力量对比不断发生着微妙的变化。在这种动态的变化之中，中国和德国始终能够以伙伴视角看待彼此，互相支持、相互理解，无论是在光伏产业，还是直接投资等领域，都具有广阔的发展空间。

第八章

从负有全球责任的伙伴关系走向全方位战略伙伴关系

第一节 中德关系的黄金时期：全面战略伙伴关系

一、中国与世界以及德国存在紧密联系

中国的国家身份定位应为发展中国家，以及亚洲发展中的中国、世界发展中的中国。中国离不开世界，世界需要中国。在治理现在的国际秩序并营造国际新秩序中，中国不谋求一己私利，不以我为中心，而是力促构建一种国家不分大小，不分强弱，权利平等，利益和谐分享的民主的国际新秩序。中国的发展需要伙伴——德国，德国作为位于欧洲核心地带的重要国家也需要和新兴国家中国合作，才能在国际舞台上发挥更重要的作用。

二、中德战略伙伴关系的确立

2010年7月15日，德国总理默克尔访问中国时，中国与德国签订了中德战略伙伴关系。这就意味着两国应该从战略的、长期的角度，从全球和全欧洲的角度来看待、分析和处理彼此的关系，理解并尊重彼此的身份定位，严格尊重彼此的核心利益和重大关切，加强沟通，深化政治互信，加强在带有战略性的重大国际和地区问题上的磋商和协调，扩大各领域的战略伙伴关

系，正确处理双边的分歧、矛盾和摩擦，建立长期、稳定、友好、和谐和可持续发展的合作关系。

一方面，中国应当通过文化交流向世界人民传达中国人崇尚"和为贵"、讲求"礼尚往来""乐善好施"，奉行"己所不欲，勿施于人"的文化传统和处事原则；另一方面，对外宣传既要充分发挥自己媒体的作用，也要利用西方媒体，例如发表中国领导人个人的文章和中国学者专家的文章，宣传中国当前发生的社会变迁和现代化进程所取得的辉煌成就，以及介绍中国的国内政策和应对诸多国际问题的政策和新举措。当前，西方一些政治人物和部分媒体仍然对中国存在一种偏见和傲气，他们应该放下架子，亲自到中国来走一走、看一看，就会看到和了解到一个真实的中国，从而读懂中国。

中国是一个和平发展的中国，是一个与人为善的中国，中德两国双边关系中没有国家利益的根本性冲突，没有历史遗留的领土纠纷，有的只是双方经济利益的一致和矛盾。从外交上看，两国都反对美国的单边主义，认为没有任何国家有权决定和支配国际事务，主张国际格局多极化，主张用和平手段解决国际上的冲突。回顾中德关系数十年的发展历程，我们可以明确看到，德国和中国国家身份的定位，决定了双边关系发展的良好趋势可能会因为一时的观念不同而出现波折，却不会因为一次摩擦而长期停滞不前，也不会因为领导人的更迭而发生变化。只要双方本着互相尊重、互信合作、互惠共赢的精神，放弃以自我为中心的观念，即使遇到问题，也可找到一种双方都能接受的解决方法，求同存异，携手向前。

第二节　以创新面向未来、共建世界新秩序

2014年3月，习近平和德国总理默克尔会谈后，两国发表《建立中德全方位战略伙伴关系的联合声明》，声明从10个方面对两国今后的合作发展作出了全面规划，全方位战略伙伴关系也是所有伙伴关系里唯一出现的一种关系。

习近平于 2014 年 3 月 28 日在德国《法兰克福汇报》上撰文说："我们超越简单的买卖关系，以更加创新和开放的思维，赋予中德合作更多战略内涵。"

一、加强和深化两国高层互访

习近平主席对 2014 年 7 月来访的德国总理默克尔说："今年 3 月我对德国进行国事访问，两国确立了全方位战略伙伴关系的新定位。目前双方正在推出一些新的重要机制和成果。你这次访华，双方签署了一系列合作协议，这必将给双边关系带来新的推动力。"习近平指出："中德互为战略伙伴，又都是大国，双方应该在世界大棋局里审视和运筹中德关系，相互尊重，相互谅解，交流互鉴，不断增进战略沟通与互信，加强战略协调与合作，共同推动全球经济治理和国际体系变革发展，促进世界和平、稳定、繁荣。"李克强总理 7 日陪同德国总理默克尔参观了天坛公园，并与近百名出席中德"语言年"闭幕式的两国青少年交流。两国总理询问了孩子们学习对方语言文化的感受，鼓励他们好好学习，做中德友好的小使者。

二、扩大和深化各方面交流

2013 年 5 月底，中德"语言年"启动仪式在德国举行，当时正在德国访问的李克强与默克尔共同出席仪式。此次中德两国总理共同会见两国青少年代表，则为 2013 年至 2014 年中德"语言年"画上圆满的句号。德国学生的带队老师张云刚告诉记者，中德总理在德国出席中德"语言年"开幕式，又在中国与参加中德"语言年"闭幕式的两国青少年交流，说明两国政府首脑高度重视中德青年间的语言教育与相互交流。

三、中德媒体互动

西方国家在看待中国发展的时候，不应当从西方的语境中来理解中国的"崛起"和"强大"。德国媒体对中国的报道并不完全与德国政治家的倾向一致。德国媒体中对中国崛起的报道不乏"黄祸（Gelbe Gefahr）"等字眼，激发读者的阅读兴趣乃至对中国的恐慌和反感。德国的海因里希·伯尔基金会于2010年发表了一项题为《德国媒体对中国的报道》的研究报告。报告中指出："德国媒体对中国报道的主要是对中国的负面报道，借用网络语言来说，是对中国形象的一种'妖魔化'。"据报到，德国人看中国的心理是矛盾的，一方面钦佩中国的经济增长，另一方面却"害怕中国"，后者正是西方记者和时事评论员喜欢利用的。因此，两国媒体人应多互相走动，特别是德国媒体人应客观公正地报道中国，而不应总戴着有色眼镜看中国。德国读者既对部分德国媒体耸人听闻的不实报道感到震惊，而产生猎奇性，但是他们对于了解真相更感兴趣。有德国专家能够公开发表文章澄清一些错误报道并说明中国的真实情况，让德国读者能够了解一个真实的中国。这意味着中德之间实现相互理解，德国人改善对中国的理解并非不可能。然而要实现这一点，不能只依靠少数理性客观的德国专家和对华友好人士，我们还需要通过文化传播这个软实力来推广工作，深入德国民间宣传中国，让德国民众有更多渠道来了解真实的中国。

四、加强两国人文交流

随着全球经济一体化发展，经贸关系相互交错，这为中德国两国之间的人文交流创造了良好条件和基础。

中国传统文化中，首先，"和合"是真正具有中国内涵的概念，是根本不同于西方世界观的伟大思想，既有中国灵魂又有世界价值，这是构建中国特色外交理论的一个关键问题。其次，为中国的辩证法。西方注重实体的思维是分离式的思维，而中国传统的辩证思维则是互容式思维。如果将"和合"理念与中国式辩证法结合起来，就成为中国文化精神的"和谐化辩证法"，这是中国参与解决地区和国际问题的一把金钥匙。中国的外交政策中，明确表示中国走和平发展的道路，不称霸，不挑战其他国家。发动战争、进行侵略既违背了中国外交政策的路线，也完全背离了中国传统儒教文明中"和为贵"的观念。中国的发展说明了一个真理，新兴国家的发展并非一定要效仿老牌帝国主义的路子，用枪炮侵占和掠夺，而是完全可以用自己的力量发展经济，完全可以走和平发展的道路，使自己变得富强起来，用自己的富强惠及周边国家和世界，走大家共同发展的道路。在经济全球化的新时代，尽管各国的意识形态和价值观不同，但是都应该抛弃相互之间的偏见，相互包容、相互学习、相互认同、互通有无，这样才能建立一个和谐的新世界。

2014 年 7 月，在德国总理默克尔访华之际，一贯赞誉德国对二战历史真心痛悔的中国有针对性地强调了日本的战时侵略行径。在向媒体记者及默克尔发表讲话时，李克强指出："77 年前的今天，面对日本军国主义者发动的全面侵华战争，中国人民奋起抗争，直至取得最终胜利。'前事不忘，后事之师'，只有牢记历史教训，才能开辟未来，永葆和平。"

香港《成报》报道，默克尔此次访华"碰巧"在中国官方高规格纪念"七七事变"当日访问北京，而在其出访前期还特意在与安倍晋三的电话会谈中，敦促日本改善与中国的关系，一系列的"巧合"引发舆论的解读。

作为同样曾经背负二战沉重历史包袱的德国总理默克尔，此次中国之行刻意选择在"七七事变"纪念日访问北京，行程安排被视为具有高度的政治含义。

五、强化两国贸易往来

在德国总理默克尔访华期间，中国与德国签署了一系列贸易和投资协议，其中包括新建两个一汽大众汽车生产基地及采购 123 架空客直升机。

德国媒体报道称，随同默克尔访华的还有西门子、空客、汉莎航空和德意志银行以及其他大公司的高管。默克尔和中国总理李克强一同见证了一系列协议的签字仪式。大众汽车公司发表声明称："该公司将与中国第一汽车集团公司共同投资，在天津和青岛新建两个汽车生产基地。"

德国总理默克尔在她为期三天的中国之行中，两国高层讨论的核心内容之一便是打造"创新合作"关系，它涵盖如下四个方面的合作：城镇化、工业化、农业化和信息化。

俄罗斯战略和技术分析中心高级研究员瓦西里·卡申说："美国在对华

高新技术合作中设置了众多明确或隐晦的限制，但欧盟则不然，它是北京获取高新技术的最重要来源，同时也是中国市场的大投资者。"

2014 年 10 月，李克强总理访问德国。中国国务院总理李克强访德期间，两国签署约 30 项经济协议，总额达 181 亿美元。李克强在德国《世界报》撰文表示："中德将以中国担任 2015 年汉诺威电子、信息和通信博览会（CeBIT）合作伙伴国为契机，共同开启'2015 中德创新合作年'。"德媒称："中德经济开启技术创新合作时代"。复旦大学欧洲问题研究中心主任丁纯 12 日对《环球时报》表示："在全球经济增长放缓的大背景下，双方都亟须为自己的经济发展注入新的创新元素，此次中德选择制造业与通讯产业的结合发展作为突破口，将会有非常广阔的发展前景。"

李克强总理在中欧论坛汉堡峰会的主旨演讲中表示："中德应开辟创新合作'新海域'。在绿色经济领域，欧洲有优势，中国有市场，我们希望双方合作建设一批循环经济、节能环保示范区，以增强聚集和放大效应。同时、推进航空航天中长期合作，加强轨道交通运营、维护和管理合作，也是双方努力的方向。"

中德双方已就加深经济合作达成行动纲要，双方在技术方面的合作尤其受到媒体关注。据英国《金融时报》11 日报道，德国电信与中国移动签署合作协议，双方将于明年组建一家合资公司，在中国这个全球最大的汽车市场上建立车联网"云平台"。预计到 2018 年，中国高速公路上行驶的联网汽车将达 6800 万辆。德国电信董事长莱恩哈特·克莱门斯说："发展车联网业务是德国电信的一项战略性举措。同时，从战略上来说，与中国移动的合作对德国电信极其重要。"

德国大众将与中国第一大汽车集团的合资合同延长 25 年，至 2041 年。大众还将在中国西部地区建设生产基地。戴姆勒则计划投机 10 亿欧元，生产新款小型车。在其他新兴市场表现疲软的背景下，对于各大车企来说中国显得愈发重要，因此将继续积极投资。

德国《商报》表示："客空集团宣布，已在中国政府采购代理机构签署一项框架协议，将向中方供应 70 架 A320 和 A321 机型，中国此次购买 70 架

A320 客空机总值约为 66 亿美元。"

此外，西门子将参与珠海市的城市可持续发展领域合作；沙尔克 04 足球俱乐部将于中国华为合作，在体育场装备强大的 Wi-Fi 技术设备；诺基亚德国部门与中国移动签署 9.7 亿美元协议，诺基亚通信将提供 4G TD-LTE 无线设备以支持中国的无线网络部署；中国将成为 2015 年汉诺威工业博览会的伙伴国。

丁纯认为："中德在车联网技术上的合作是中德创新合作的重要突破，一方面汽车行业是德国的优势产业，中国则是制造业大国，两国在这一领域的联手本身是强强联合；另一方面，通信行业在一定程度上带有垄断性质，并标志着新兴技术的发展方向，两国的通讯领域合作有望引领全球数据时代的未来。"

中德创新合作伙伴关系是双赢的关系。德国新闻电视台指出，对中国而言，提升创新能力是维持经济增长的关键，中国需要一个强有力的创新伙伴，以提高产品的附加值。而以"德国制造"著称的德国企业可以为中国提供一个合作的平台。德国经济界也可以凭借先进的科技立足中国市场，在中国进行"本地化"研发，获得发展机遇，特别是环保科技和医药技术等领域。

同为出口强国，中德将提升双边贸易中的服务贸易占比，使之成为中国贸易新的增长点。中方欢迎和鼓励德国企业参与上海自由贸易试验区建设，加强两国企业在金融、教育、文化、医疗、养老等方面的合作。

六、加强两国技术交流

德国财经网认为："德国企业立足世界的秘诀就是技术创新。德国在数十个工业领域，把持领头羊的地位。特别是中小企业，专注于某一类型的产品研发，在科研、售后服务等方面都有自己的优势。德国企业无法找到替代中国这样的未来市场，与中国企业合作是目前最佳选择。"

不过，德国《经济周刊》则表示："德国经济界对于技术转移到中国仍有不少担心，特别是知识产权方面的保护来自中国同行的竞争等。"报道称，

2007 年，西门子向中国交付 60 列时速 350 公里的高铁列车时，必须向中国合资伙伴转移大量技术资料。如今，中国北车集团以及南车集团已经成为全球最大的铁路装备制造商，在全球范围内与西门子展开竞争。

对此，丁纯认为：“中德创新合作前景广阔，但是也面临诸多挑战。首先，德国作为欧盟的经济增长引擎，一直将中国视为重要的竞争对手，如何让中德双方在竞争的基础上顺利实现共同开发、经济双赢、仍需双方做出许多努力；其次，中国与德国自主创新合作的达成，使得中国从贸易规则接受者转向规则制定与参与者，对于中国来说在享受经济红利的同时，也要承担更多的责任。

七、深化两国政治沟通与互信

中德两国最新出台的《创新伙伴关系的行动框架》中列出了政治、经济、安全政策、金融、可持续发展等合作领域的 110 条指导意见，其中政治合作包括以下内容：

中国和德国都认为两国之间频繁的高级互访对双边关系而言至关重要，都认为应当继续进行高级互访，并利用双边互访、多边会议和电话会议的方式，加强两国领导人之间的长期联系。

双方强调：“2010 年制定的定期进行政府磋商的机制应当起到核心的协调作用。政府间磋商应当每两年举行一次，外交部负责协调组织。中国和德国之间已建立了 60 多种定期举行的对话，此种对话机制构成了两国之间合作的基础，并且将政治对话和广泛合作有机结合起来。”

双方决定在 2015 年上半年，举行由两国外长主持的德中外交和安全政策战略对话，由两国的国防部代表人员参加。并且此后将每年举行这一对话，以加强两国在外交和安全政策问题上的协作。

此外，两国外交部副部长也应定期进行政治磋商，并且在政治规划、军控、领事问题和网络对话方面进行部门磋商和交流，促使双方在重要的双边问题、地区问题和国际事务上能保持直接接触。

两国均十分重视双方外交官的交流和互访，特别是青年外交官，外交部门之间的联系应当得到加强。两国将继续加强人员交流，在法律许可的范围内为人员往来创造最佳条件。将简化签证申请程序、加快签证处理时间，在48小时内处理短时签证，简化商务签证的申请程序，办理更多多年签证，尽量增加多次入境签证数量，延长逗留时间。短时签证也在给定的条件下尽量延长逗留时间和有效期限，双方都与对方的相关机构保持联系，尽量在两个月之内处理长期签证。为了更好地受理在中国的签证申请，中国积极支持德国在多个城市按照现有模式增设签证申请受理中心。中德两国致力于创造良好条件，使得未来持外交护照人员能够在欧盟和中国之间免签往来。双方将继续进行每年一次的领事磋商，寻求签证问题和领事问题的建设性解决方案。

两国致力于维护地区和全球的和平与稳定。双方在紧迫的国际问题和地区问题上保持紧密联系，寻求问题的可持续性解决方案。

（一）双方都尊重乌克兰的主权和领土完整，赞同以对话方式和平解决；

（二）双方都视中东地区的伊斯兰恐怖主义为国际和平与安全的威胁，需要国际社会予以坚决的回应；

（三）双方将继续在 E3＋3 的框架内合作，为伊朗核问题找到持久的解决方案；

（四）双方在结束联合国驻阿富汗维和行动后，继续致力于阿富汗的稳定，强调和平与安全也包括该地区由阿富汗自己主导的和平与和解的进程，以及经济发展；

（五）双方希望在伊斯坦布尔进程框架内紧密合作，德方支持中方在下半年主持伊斯坦布尔进程的第四次外长会议。

德国十分欢迎建设欧洲和中国之间的陆路贸易路线以及建设"丝绸之路"的倡议，这为中德合作以及中欧合作开启了新的机会，对于中亚和沿丝绸之路地带国家的稳定与富裕会做出重要贡献。双方都认为："政治机构、党派、德国联邦议会和中国的人民代表大会之间的交流是中德合作的重要组成部分，应当得到促进。"

双方都强调："愿意本着互相尊重、平等互利的精神照顾对方的重要利益，加强相互理解和政治互信，保证双边关系长期稳定的发展。德方强调德国坚持一个中国的政策，尊重中国的主权和领土完整。德国支持中国台湾海峡两岸关系的和平发展。"

德国乐于看到中国的和平发展，以及中国为维护和促进国际、地区安全作出的重要贡献。双方都愿意加强和深化欧洲一体化以及在亚洲的地区性合作，加强建立在更公正更合理基础上的国际秩序。双方都强调世界各民族间和平、理解和发展的重大意义。这一行动框架的出台，标志着中德两国正在开启新的合作平台，互相尊重、互利共赢的方向取得了新的进展，各国媒体对此表示积极称赞。

德国《世界报》网站称："柏林比以往任何时候都需要中国这个仅次于美国的世界第二大销售市场。北京则希望获得德国的技术和知识，以创新方式来实现本国经济的现代化。"新加坡《联合早报》称："中德经贸关系从'互补'到'互融'，也使中国的欧洲外交得到升温。"

默克尔在访华时曾表示："我看到中国的发展不仅局限于沿海地区，也出现在西部地区。我期待开展深入的讨论。"新华社在报道中称："中德关系正处在历史最好时期，并且得到两个经济大国之间务实合作的有利巩固。"

美国著名学者马丁·雅克在《金融时报》撰文称："不能否认中国的治理制度在过去30年中取得的成绩，也不应将西式民主视为评论政权合法性的唯一标准。他提出，未来西方在治理方面的问题有可能比中国更严峻。"

马丁·雅克写到："西方有一种根深蒂固的观点：中国的软肋在于政治制度。由于缺乏西式民主，中国的治理制度脆弱而不稳固，是不可持续的。西方相信，中国将被迫实行同西方一样的政治制度。"他指出："事实上自1978年以来，中国政府经历了重大而持续的改革，其规模远远超过美国或英国发生过的任何改革。"他呼吁西方必须理解中国"非常成功的"制度，认为西方制度是解决治理问题永恒、理想的方案是十分错误。他认为美国民主制度已日益变得失灵、短视、两极化。

马丁·雅克的文章与福山对美国制度失灵的批评不谋而合。值得注意的是，马丁·雅克写过《当中国统治世界》一书，算是西方的"知华派"。而福山则以宣扬西方制度优越并称之为"历史的终结"而著名。现在不是马丁·雅克被福山说服了，而是福山在向前者的观点靠拢，这是某种趋势的信号吗？

客观地说，如今能突破西方主流对华立场如实评价中国的西方学者仍是少数，但他们的声音带来的冲击力正悄然增加。这些声音出现在中国崛起与西方相对衰落被一些人"拉响警报"的时候，任何这种体系中都会顽强存在的反思精神和叛逆性，受到了世界变化的鼓舞。

西方对华认识的基础是冷战时期，它几乎构成了西方意识形态的一道铁幕。在很多西方国家，批评中国的制度仍属于一种"政治正确性"，客观和求实原则在讲述中国方面处在相对胆怯、左顾右盼的位置。

八、强化西方对中国的认知

在西方宣扬对中国一种颠覆性认知并且受到重视，这是很难的事情。这不仅是学者们的事，未来的情况将取决于中国能否继续顺利发展，中国当下的全面深化改革能否结出新一轮震动世界的成果。

西方掌握世界财富和话语权多达几百年，他们几乎做到了打造一种流行世界的思维方式，在每个国家都影响了部分知识分子对什么是公众头号利益，以及如何实现它们的思考。思想的多元性已在世界范围里被逐渐磨钝、碾碎，挂不起太多重量。发展中国家至今有继续学习西方的巨大需求，这进一步增加了破除教条主义的难度。

中西之间的思想碰撞，我们仅仅依靠思想自身的武器是远远不够的。中国发展与改革的成功是改变世界固有思想格局的真正动力。没有人能否定成功，与成功对抗的理论终将垮塌，这个规律迟早将被验证。率先指出真相、作出总结的人，总会有一段时间的孤独，但他们的先声夺人之举将受到历史的肯定。中国不必特别着急，我们有足够的时间等待思想演变的规律再次呈现。

重要的是，中国社会的自信还有相当一部分需要西方的肯定和掌声来浇灌，当它们稀稀拉拉时，我们就容易焦虑。这虽然是中国社会思想面貌的一个现实因素，但关键还是我们要干的好。未来的情形很可能是这样：西方舆论越来越多的肯定和我们对它们的越来越不重视逐步同步，相互交织着在这个世界上发生。

参考文献

［1］［德］诺伯特·埃利亚斯.《文明的进程》［M］. 北京：三联书店, 1999 年.

［2］刘伟胜.《文化霸权概论》［M］. 石家庄：河北人民出版社, 2002.

［3］刘立群.《德法关系：从宿敌到盟友》［M］. 北京：社会科学文献出版社, 2010.

［4］刘继南, 周积华, 段鹏, 等.《国际传播与国家形象》［M］. 北京：北京广播学院出版社, 2002.

［5］徐爱真. 德国媒体中的中国形象［D］. 浙江大学博士学位论文, 2009.

［6］唐晋.《大国崛起——以历史的眼光和全球的视野解读 15 世纪以来 9 个世界性大国崛起的历史》［M］. 北京：人民出版社, 2006.

［7］张贵洪.《国际组织和国际关系》［M］. 杭州：浙江大学出版社, 2004.

［8］李宝俊.《当代中国外交概论》［M］. 北京：中国人民大学出版社, 2006.

［9］李希光, 赵心树.《媒体的力量》［M］. 广州：南方日报出版社, 2002.

［10］殷寿征. 德国总理科尔［J］. 现代国际关系, 1992（2）.

［11］殷桐生.《德国外交通论》［M］. 北京：外语教学与研究出版社, 2010（7）.

［12］潘琪昌.《走出夹缝》［M］. 北京：中国社会科学出版社, 1990（9）.

［13］秦亚青.《国际体系与中国外交》［M］. 北京：世界知识出版社, 2009（12）.

［14］《胡锦涛十八大报告》［M］. 北京：人民出版社, 2012（11）.

［15］程曼丽. 大众传播与国家形象塑造［J］. 国际新闻界, 2007（3）.

［16］董玉洁. 中欧互视, 怎样才能"对上眼"——专访国际关系学院院长陶坚

[J].世界知识，2012（6）.

[17] 方明，蔡月亮.政府国际公关：国家形象塑造的新视野——兼论中国国家形象塑造 [J].东南传播，2007（1）.

[18] 冯霞.北京奥运文化传播与中国国家形象塑造 [J].北京社会科学，2007（8）.

[19] 管文虎.《国家形象论》[M].北京：电子科技大学出版社，1999（23）.

[20] 韩源，王磊.影响中国国家形象的因素浅析 [J].思想理论教育导刊，2007（4）.

[21] 靖鸣，袁志红.西方媒体报道与中国形象塑造 [J].当代传播，2007（2）.

[22] 李菲菲.德国媒体中的中国形象——以《焦点杂志》为例（2007—2008）[D].上海外国语大学硕士学位论文，2010.

[23] 李晓梅.德国媒体报道下的中国形象——以《时代周刊》为例 [D].上海外国语大学硕士学位论文，2013.

[24] 林泰，林伯海.清华大学政治系：两会专辑 [J].China today，2003（3）.

[25] 刘继南，何辉.中国形象——中国国家形象的国际传播现状与对策 [J].国际观察，2008（1）.

[26] 刘继南，周积华，段鹏.《国际传播与国家形象》[M].北京：北京广播学院出版社，2002.

[27] 罗建波.中国国家形象战略的基本框架与实现途径 [J].理论视野，2007（8）.

[28] 马凤书.中美俄三角关系：一种超越建构主义的文化分析 [J].当代世界社会主义问题，2006年（10）.

[29] 屈新儒.中西人权观差异的历史文化反思 [J].西北大学学报（哲学社会科学版），2006（4）.

[30] 萨拉·迪基.《人类学及其对大众传媒研究的贡献》[M].国际社会科学杂志（中文版），1998（8）.

[31] 中国社会科学杂志社.《人类学的趋势》[M].北京：社会科学文献出版社，2000.

[32] 王晨.《中国人看联邦德国》[M].太原：山西人民出版社，1989（4）.

[33] 王公龙.塑造负责任的大国形象 [J].党政论坛，2007（3）.

[34] 王志强.德国《时代》周刊视角下的经济中国形象 [J].德国研究，2009（4）.

[35] 蔚彬. 转型期中国国家身份认同的困境 [J]. 现代国际关系, 2007 (7).

[36] 吴海江. 马克思主义研究学科卷 [C]. 上海社会学界第四届年会论文集, 2008.

[37] 肖欢荣. 中国的大国责任和地区主义战略 [J]. 当代世界政治与经济, 2003 (1).

[38] 亚历山大·温特·秦亚青, 译. 《国际政治的社会理论》 [M]. 上海: 上海人民出版社, 2000.

[39] 陈正良. 增强中国"软实力"与国家形象塑造 [J]. 江汉论坛, 2008 (2): 18—21.

[40] 张昆, 刘旭彬. 中国国家形象传播的思考 [J]. 理论与实践 (理论月刊) 2008 (9): 95—99.

[41] 周蓉辉. 中国特色社会主义核心价值观研究 [D]. 中共中央党校博士学位论文, 2011.

[42] "24字不短, 核心价值观构建路更长" [N]. 《环球时报》, 2014 - 2 - 13.

[43] 德国国防部长涉嫌论文抄袭, 宣布辞职 [N]. 《环球时报》, 2013 - 2 - 13.

[44] 《德国军事力量详表》 [Z]. 战略网: http://www.chinaiiss.com/military/view/162.

[45] 《推进国际金融体系改革, 促进世界经济课持续发展》 [J]. 中国金融家, 2011 (1): 14.

[46] 欧盟在《罗马条约》签署50周年庆典上所发表的《柏林宣言》 [Z], 2007 - 3 - 25.

[47] 伯涵. 欧洲一体化遭遇空前挑战 [N]. 中国证券报, 2012 - 5 - 16.

[48] 陈其珏. 中德双方重申对话协商解决光伏贸易争端 [N]. 上海证券报. 2012 - 9 - 15.

[49] 丁纯. 中德"双反"共识有助于解决中欧贸易摩擦 [Z]. 2013 - 5 - 29.

[50] 弗郎克-泽林. 《中国密码: 一个德国人眼中的神秘中国》 [M]. 贵阳: 贵州人民出版社, 2009: 5.

[51] 王公龙. 塑造负责任的大国形象 [J]. 党政论坛, 2007 - 3 - 29.

[52] Angela Merkel. "Wir werden eine Regierung der Taten sein" [J]. Regierungserklärung der Bundeskanzlerin am 30. November 2005, in Das Parlament, Debattendokumentation, 5/12. Dezember 2005.

[53] Bohnes. Carsten. Deutsche Außenpolitik gegenüber China [J]. Gesellschaftliche Interessen und deren Wirkung, Akademischer Verlag, 2012.

[54] Carola. Richter und Sebastian Gebauer: Die China – Berichterstattung in den deutschen [J]. Medien Heinrich – Boell – Stifung, 2010.

[55] Gordon. Philip H: Berlins Difficulties. The Normalization of German Foreign Policy [M]. S. 245, in: Orbis 38, 1994 (2).

[56] Haftendorn. H: Deutsche Außenpolitik. Zwischen Selbstbeschränkung und Selbstbehauptung [M]. 1945—2000, Stuttgart u. München, 2001.

[57] Heilmann. Sebastian (2002): Grundelemente deutscher Chinapolitik [J]. In: China Analysis, 14, August 2002.

[58] Hofstede. Geert: Lokales Denken, globales Handeln, 3 [J]. Auflage, München, 2006.

[59] Jakobs N. : Deutsche Sicherheitspolitik nach dem 11 [J]. September 2001.

[60] John Duffield. "Political Culture and State Behavior" [M]. International Organization, Autumn, 1999.

[61] Karl, Maull, Hanns W. Hrsg: Deutschlands neue Außenpolitik, Bd [J]. Grundlagen, 2. Auflage, München, 1995.

[62] Kühnhardt. Ludger: Wertgrundlagen der deutschen Außenpolitik [J]. S. 106—108, in: Kaiser, Karl, Maull, Hanns W. (Hrsg.): Deutschlands neue Außenpolitik, Bd. 1: Grundlagen, 2. Auflage, München, 1995.

[63] Maletzke. Gerhard: Interkulturelle Kommunikation. Zur Interaktion zwischen Menschen verschiedener Kulturen [M]. Opladen: Westdeutscher Verlag, 1996.

[64] Maull. Hanns W: Deutsche Außenpolitik: zwischen Selbstüberschätzung und Wegducken [M]. in: GIGA – Focus, Nummer 1 2014, S. 1—7, hier S. 4—6.

[65] Maull. Hanns W: Civilian Power [M]. Opladen: Westdeutscher Verlag, 1993.

[66] Maull, Hanns W. : DFG – Projekt [J]. Zivilmächte' 1997, S. 21 und Kirste, K. : Rollentheorie und Außenpolitikanalyse, 1998.

[67] Pamela C. M. Mar, Frank – Jürgen [J]. Richter (2003): China – Enabling a New Era of Changes, Singapur.

[68] Peter J. Katzenstein, ed. Tamed Power: Germany in Europe [M]. Cornell University Press, 1997.

〔69〕 Pond. Elizabeth: Beyond the Wall 〔J〕. Germany's Road to Unification, Washington, 1993.

〔70〕 Samovar. L. A, Porter, R. E. (Hrsg.): Intercultural communication, Belmont: Cal, 1972, S. 10, zit. n 〔J〕. Maletzke, Gerhard: Interkulturelle Kommunikation. Zur Interaktion zwischen Menschen verschiedener Kulturen. Opladen: Westdeutscher Verlag. 1996.

〔71〕 Schwarz. Hans – Peter: Republik ohne Kompass 〔J〕. Berlin: Propyläen, 2005.

〔72〕 Sieg. Hans Martin: Weltmacht und Weltordnung. Der Krieg im Irak, die amerikanische Sicherheitspolitik 〔J〕. Europa und Deutschland, Münster, 2004.

〔73〕 Deutsche Außenpolitik. eine Gestaltungsmacht in der Kontinuitätsfalle 〔Z〕. http://www. bpb. de/apuz/75784/deutsche – aussenpolitik – eine – gestaltungsmacht – in – der – kontinuitaetsfalle – essayp = all, letzter Zugriff, 2014 – 4 – 13.

〔74〕 Deutsche Außenpolitik. eine Gestaltungsmacht in der Kontinuitätsfalle 〔Z〕. http://www. bpb. de/apuz/75784/deutsche – aussenpolitik – eine – gestaltungsmacht – in – der – kontinuitaetsfalle – essay? p = all, letzter Zugriff, 2014 – 4 – 13.

〔75〕 Gestalt ungsmacht China 〔Z〕. https://zeitschrift – ip. dgap. org/de/ip – die – zeitschrift/archiv/jahrgang – 2012/maerz – april/gestaltungsmacht – china, letzterZugriff: 2014 – 4 – 13.

〔76〕 https://zeitschrift – ip. dgap. org/de/ip – die – zeitschrift/archiv/jahrgang 〔Z〕. 2012/januar – februar/deutschland – der – europ C 3A4ischen – union, 2012 – 4 – 6.

〔77〕 Im Namen der Gestaltungsmacht 〔Z〕. http://www. taz. de/87305/, letzter Zugriff, 2014 – 4 – 13.

〔78〕 Klimapaket. RascheEntscheidung für Industrie gefordert 〔Z〕. www. bundesregierung. de/nn_ 1272/Content/DE/Artikel/2008/03, 2008 – 3 – 13.

〔79〕 Maull. Hanns/Kirste, Knut/Harnisch, Sebastian: Deutsche, amerikanische, japanische Aussenpolitikstrategie 1985—1997 〔Z〕. http://www. deutsche – aussenpolitik. de/resources/conferences/wirt. pdf, letzter Zugriff, 2014 – 4 – 9.

〔80〕 Nechaj Oleg 2011 〔Z〕. http://german. ruvr. ru/2011/08/03/54144031. html, 2012 – 4 – 2.

〔81〕 Offensiver Ansatz in der Außenpolitik 〔Z〕. www. tagesspiegel. de, 2013 – 11 – 5.

附　录

文明力量德国
——对德国的新外交政策提出的十四条论点

Hanns W. Maull

在欧洲真实存在过的社会主义瓦解带来的剧变之后，世界局势和十年前已完全不同。和自然界的地震类似，国际政治的根本变革是长期而深刻的结构扭曲造成的结果，结构问题的影响日积月累逐渐尖锐，最终历史以惊人的加速度导致当前局面的产生。整个世界恐怕将在长时间内受到其余震的影响。然而，新国际格局的轮廓已经清晰可见：传统中稳定的基本要素皆已分崩离析；当前的情势不仅使得重新塑造国际秩序结构成为可能，而且也要求建立其新的国际秩序结构。

国际政治提出的重建新国际秩序结构的任务，只能在弄清楚最近发生剧变的原因之后才可能取得成功。剧变的原因存在于经济、社会和文化的演变过程中，技术革新是演变的动力，同时也不断地将传统的政治结构置于各方面的高压之下。这种变化的方向总体上表明国际政治以及到目前为止国际政治核心行为主体，即民族国家的质性转型。换句话说：我们目前不仅仅处在二战后时代的末端，也处在自 17 世纪初以来形成的民族国家体系时代的末端。

因此，只有考虑到国际政治已经发生变化了的框架条件，只有找到了控

制和调节社会剧变的新的有效办法时，外交政策才可能取得成功。民族国家
在可预见的时期内，仍旧会保持其作为主要政治决策机构的角色，不过基于
国家内部和跨国的区域政治结构，民族国家的重要性会下降，并会被国际组
织和政权超越。

一、重新考察国际政治

出于这种考虑产生了第一条论点：外交政策讨论的全部内容，国际政治
的观察视角都需要经过批判性的检查。对国际关系的理解在很大程度上仍旧
以"现实视角"为特征。现实视角的基本概念和基本观点——民族国家的中
心地位、民族国家的主权和自治，对"权力"和"国家利益"的追求导向，
在国际社会无政府状态的基本结构下，国际关系中固有的规律性、安全问题
以及军事力量的主导地位，外交政策相对于社会力量的自主性——所有这些
概念和基本观点在国际政治的框架条件变化后变得引人质疑，和由此衍生出
来的通过均势政策、遏制政策和威慑来实现国家安全的政治策略一样需要修
正。简而言之，在外交政策中我们需要"新思维"。

和现实主义者传统考察方式不同的是，也即第二条论点，从原则上应当
不以国际政治中量化的固有规律为出发点，而是正好相反，从其政治领域的
完整性出发。这意味着国内真挚和国际政治基本上面临的是相似的挑战，而
不是不同的挑战。诺伯特·埃利亚斯从历史学家的角度提出了社会和政治文
明化的过程，该过程中，政治结构适应于社会变迁的动力，社会分工和专业
细分的发展，教化形成有组织的社会权力的趋势，形成权力垄断而不是自助
原则。表达和贯彻普遍性的规范和原则，即社会过程和政治过程的合法化，
建立起决策形成的参与形式，即发展民主结构，以将解决冲突和调节冲突引
至非暴力路径以及法律程序，调节冲突、谈判的机制应当制度化。最后，在
团结的基础上，努力实现社会活动空间内经济差距和社会差距的平衡。

变化过程的速度和幅度在每个国家都不一样，在每个地区也有所不同。
自然，两个国家关系的变化过程不如国内变化过程表现得清晰。然而，在西
欧，在斯堪的纳维亚半岛国家和北美，在跨大西洋伙伴关系中，国际政治文

明化的过程已经通过安全政策和一体化的发展显现出来。随着东西方矛盾的终结，出现了推动国际政治文明化的历史机遇。如果不能弥补和克服内政、区域政策和国际政治中的结构不足，这个机遇将同时也是退回到旧式的、"现实主义"国际政治的行为方式和规律性的危险。

二、任务：国际政治的文明化

按照第三条论点，国际政治的文明化，一方面是面向未来数年以及数十年的现实任务，另一方面也是具有生存意义的必要任务。对于上述两个预测最为重要的事实可能是，国家边界在土地、水域和空中的渗透性。现代社会是多个渠道相互交织形成的密集网络，密切相互交织的状态对民族国家的自治及其传统的安全政策或多或少地起到破坏作用。此外，它还意味着在未来，国际政治转型为"文明化"政策需要经历一个逐步完善的过程，伴随着地理范围的拓宽、功能的深化、国际间和社会间合作的扩大才能成功克服新的问题。另一种可能是，国际政治的传统模式（暴力倾向性，自助原则），经济、生态、社会和政治方面的问题尚未解决所带来的毁灭性后果，对已经发展至文明国家的内政造成瓦解和打击。

在现实中，几乎没有机会能将已经文明化的国家和地区同问题地区割裂开来，国际间的相互依存将把发展不足带来的灾难性后果和破坏作用带入高度发达的社会，不管后者采取何种抵抗措施。一些例子能够说明其关联，东欧的社会危机和地区冲突造成的影响——从大规模的群众逃亡运动到核电站释放出原子能裂变物质，再到核武器的适用——都会在西欧工业国家中引发恐惧和适应问题，远远超出民主结构能够承受的范围，最终将会导致民主制度的失败。换句话说，隔离发生社会危机的地区，重新将世界划分为富裕地区和贫困地区，会耗费巨额成本。由此可见，国际政治的文明化是解决紧迫的人类问题，保障未来的唯一机会。

按照第四条论点，国际政治文明化的过程要通过动员"文明力量"来完成。"文明力量"是对国际关系进程施加影响的特殊形式，其目标是克制有组织的社会暴力的运用，社会关系的合法化，决策构成的参与形式，冲突解决的渠道化，以及社会公正。对于国际政治的必要转型而言，上述论点意味着：

（一）国际政治的传统基础，即国家对内和对外的主权，以及由此产生的不干涉他国内政的原则。在被战争和社会暴力包围的意义上，必须被替换为另一个原则，即在解决政治冲突时，不论是内政还是外交，都不允许武力威胁和使用军事力量，除非是用于个人或者集体自卫。这一原则在国际法中早已适用于国家间的关系，但还未适用于国家内部的关系。在最近几年中，这一问题更多地进入国际外交的视野。

这一原则的贯彻要求对传统主权施加一系列限制，可以设想到的实现手段有互相监督、验证措施，执行法定调节程序的义务，在冲突情景下进行斡旋努力的责任，在局势紧张地区派遣维和部队。如有违背该原则的行为，将会通过有约束力的措施（制裁）来推动原则的贯彻落实。根据具体情况，这些措施包括经济步骤、社会福利步骤和政治步骤，还包括采取军事行动来重建和平的可能。此类行动有一个前提条件，即国家的武装力量愿意服从关于军事行动的集体决策，并且能为此做好具体准备——就像在《联合国宪章》中规定的那样，但在实际中还并未成为现实。此类预防措施会提高集体安全措施的威慑能量。

（二）实现国际关系合法化的努力可以追溯到《联合国人权宪章》包括的人权范围。此外，在国际关系和国内关系的很多领域都需要细化、扩展和创立规范和原则。在采用文明力量的时候，一方面要重视在不同的领域如保护少数民族、占少数的语言文化以及宗教上的少数民族，或者保护全球环境等方面表述具有约束力的原则，另一方面则要重视通过激励和制裁来贯彻这些原则。

（三）国际政治文明化的目标是基于广泛认同的国际秩序。新的世界秩序要站稳脚跟，不能仅为少数人想用，而是必须得到普遍性的合法性认同。"文明力量"会通过参与决策过程来实现其合法性，参与决策能够让决策的执行拥有更广阔的基础，提高了决策得以实现的机会；同时集体决策有利于社会学习过程，反过来又能提高决策质量。在这种背景下，自然会出现决策能力和议题的问题。实际上，在集中的协商和协调过程基础上可能会达成妥协，也因地区的不同而不同。美国，七国集团和欧盟，还有日本，根据各自所面临的问题都有提出政治议题的责任。但起决定作用的是对合法性的考虑，只有建立在广泛共识基础上的国际秩序才能够应对未来的挑战。单极霸权或者美国与日本、欧盟的三角优势并不现实。

（四）新的国际秩序只有在被认为是足够公平和公正时，才能创造出应对当前和未来挑战的前提条件。因此，在文明力量理论框架内，高度重视以有效减少发展落后、提高全球化生存机会、减少物质生活条件的不公平为目标的合作。这就要求享有优势地位的西方工业国家制定规则照顾到普遍利益，而不是其特殊利益，用规则来规范自己的行为，最终承担更多的负担，而不是将负担转移到弱小国家。

三、文明力量的手段

"文明力量"主要采用非军事手段来实现自己的目标，但它也必须有能力保护自己不受军事力量的侵犯，在必要情况下能够用军事力量来贯彻自己的原则。在"文明力量"理论框架内，按照第五条论点，军事力量的使用要满足特殊的条件。这些条件不仅以对军事力量的打造提出实证预测为基础，还以对"文明力量"的规范性要求为基础。

有建设性的使用军事力量来实现政治目标，或者在国际政治秩序意义上采用武力。在今天，只有在通过集体决策合法化并得到广泛支持以后，才有良好的前景。即使得到了集体合法化，而武力使用也需要极大克制。其优先目标按照顺序应为保障和平，威慑、针对侵略的滋味，建立规范以及通过战争重建和平。在文明力量理论框架内，军事措施的意义在于，通过尽可能高额的入侵成本来威慑用军事力量追求政治目标的行为，并率先阐明成本的内涵。

因此，维和部队也能起到威慑作用。具体来说，在1967年的近东危机中体现出来的联合国蓝盔部队的角色。当他们如埃及所愿撤退时，应能够在将来被派遣到类似情境中去。理想的条件是，发生冲突的双方已经在事先负有义务，将接受此类驻军作为其国际责任的一部分。国际维和部队的任务细分意味着两种维和部队的形成、培训和适度武装。完成传统蓝盔部队的维护和平任务的部队，和必要时能参与战斗的部队。不过，两种维和部队都应当在集体决策后派遣。在第二个功能，即在紧张局势或战争局势下重建和平的功能中，综合部队只构成国际力量的核心和优势部队，适应于极端局势。

按照第六条论点，用军事手段实现国际规范和决策绝不是唯一的形式，而是应用集体强制措施最夸张的形式。文明力量最重要的手段是经济制裁，用经济制裁创造新秩序的功能一如既往地受到忽视。

对于制裁的有效性和实施范围的批评经常交织在一起。但是，必须承认，经济制裁的有效性有一定限度。但是期待制裁能够带来大规模军事力量也无法带来的结果，也一定是徒劳。经济制裁、经济利益和政治资本的结合完全能够为侵略性的武力政策提供手段，甚至为观察某些规范和决策提供重要手段。然而，前提条件是，制裁必须经过周密计划，得到切实采用，能够得到广泛支持，并植根于将制裁和其他手段结合起来的总体战略中。

将经济利益和政治资本结合的有效性取决于一个国家是否输赢，以及输赢多少。因此，第七条论点是"文明力量"的实施空间，其主要基于它在多大程度上能够为消除发展落后提供有效帮助。在国内政治和国际政治中，经济发展和提高物质生活水平是文明化取得成就的前提条件。关于西方工业国家为什么应当为了有效帮助东方和南方国家而牺牲自己的一点利益，有很多原因和解释；其中一点在于拓展国际政治文明化意义上的更好的实施空间。

四、文明力量德国：德意志联邦共和国的新角色

按照第八条论点，"文明力量"在国际政治文明化过程中通过使用"文明手段"起着重要作用。所谓"文明力量"，其是具有特定外交行为方式的行为主体，其外交行为方式特别适合推动国际政治的文明化。这一"文明力量"的角色是一个理想角色；在当今世界还没有任何一个大国完全符合这一角色模式。这个角色一方面意味着塑造国际关系的能力和意愿，另一方面也意味着从国际政治文明化的角度来设定塑造国际关系愿望的特定目标，以及

限制实现上述目标的手段。

当今世界的大国只是部分地满足"文明力量"角色的标准，美国在塑造国际关系愿望、塑造能力和目标设定方面符合"文明力量"角色，但是在外交手段方面有所局限。苏联最大的后继国家俄罗斯，其塑造国际关系的长期愿望目标尚无法明确。日本和德国高度符合目标设定和手段方面的标准，但还缺乏塑造国际关系的愿望，以及在集体手段方面和参加联合国蓝盔行动的实际经验和手段。法国和英国则因为其对角色定位的模糊性，（文明力量或者传统大国？）且不符合标准，在欧洲一体化过程中的塑造能力也因此受到限制。中国在参照所有标准、导向、塑造国际关系的能力、外交政策的手段后更多显现为"文明力量"角色的反论点，即将自身定位为传统大国的行为主体。欧盟因其作为国际行为主体的特殊性，在目标设定方面高度符合"文明力量"角色；但是在塑造国际关系愿望、塑造能力和集体安全手段方面却存在着不足。

按照第九条论点，要符合"文明力量"角色，需要满足历史形成的社会条件和国内政治的前提条件，包括如下几点：

1. 国内政治的成功文明化，即稳定的民主体制植根于法治国家性，受到保障的基本权利和社会公正；

2. 物质富裕作为民主制度稳定的首要前提条件；

3. 历史的学习过程，将在精英和大众之间达成超国家合作和主权转让的社会共识，以此构成军事力量的成本，以及克服传统安全困境的必要性；

4. 学习过程，也即内化国际政治后现代形式的效用和植根于国际相互依存中的过程，前者指在贸易国家（R. Rosecrance）的模式下，以国际分工为导向部分地转让主权，由此所带来的效用。

按照第十条论点，德国到目前为止只部分的符合"文明力量"的角色。在未来几年乃至几十年国际政治文明化的过程中，德国外交将会起到关键作用：它可以通过不断坚持和发展现有外交政策作出重要贡献，或者可以因为错过推动和强化文明化过程，而为失败承担责任。这一特殊的责任源于三个现状：源自德国在欧洲中心的地理位置，源自德国的经济地位以及德国在欧洲一体化进程中的核心角色。因此，德国应当在未来完全符合"文明力量"的角色。

第十一条论点：未来德国外交和安全政策的基础认识应该是，德国未来的国家利益只能在上述文明化了的国际秩序中得到保证。国家安全在先进国际社会相互交织的情况下，在多个因素的作用下变得仅仅是一种幻想：

（一）传统的安全政策及其传统手段如权力均衡、联盟和威慑。鉴于现代技术具有毁灭性潜力，能带来令人无法接受的风险，如大规模杀伤性武器或者核武器威慑，更遑论政策失败所带来的后果。

（二）即便是在世界其他地区发生的军事冲突也会对自身的安全造成重大影响，战争和内战的后果会摧毁发展的机会，毁灭全球性的环境资源，引发移民热潮，容易导致政治极端化和各种形式的暴力行为，例如从杀人越货到毒品贸易再到国际恐怖主义。

（三）国内安全政策会阻碍甚至封闭全球合作结构和地区合作结构的发展，而全球与地区合作对于完成未来的重要任务不可或缺。合作以信任和愿意妥协为前提条件，但国家安全政策会埋葬二者。

（四）德国的价值观和公共舆论将不会允许仅仅局限于自身安全，国家安全政策的基础、国家对内对外的主权，日益受到质疑。

对于德国安全而言，传统的安全概念已经远远不够。由社会暴力以及东欧剧变造成间接危险的风险，比出现传统形式的军事侵略的可能性更大。比如说，核武器威胁可能随着前苏联内部结构的崩溃而出现，也同样可能因为乌克兰的核力量出现，更别说由此引发的经济、社会和生态风险。国际政治的文明化首先在欧洲取得成功，然后在全世界取得成功，这是保证德国安全、实现德国特殊利益的首要前提条件。

第十二条论点：德国在过去已经为国际政治文明化创造了重要前提，即决定采取新的、面向合作的、全面的外交和安全政策。德国愿意走新的道路来实现自己的利益和目标，是世界经济繁荣和欧洲安全稳定的基本要素。德国在新形势下应当强调这一决策；回归到"正常"，即民族国家外交政策的做法，从理论上便具有致命伤。与此相对，强调德国外交政策模式特征中的持续性，为德国塑造与欧洲国家的伙伴关系、深化合作和欧盟一体化进程提供了更多空间，也为德国和美国的关系（密切欧盟和美国之间的跨大西洋合作）、德国与日本的关系（在七国集团和德国－日本、欧盟－日本的双边关系的框架内深化合作进程）提供了更多塑造空间。合作和一体化的深化是成功"扩展"的前提条件，即向东欧国家和第三世界国家扩展这种合作和一体化进程。

（五）成功文明化的前提条件：东方国家和南方国家的发展机遇。

第十三条论点：国际政治文明化的机遇在于东方国家和南方国家的发展前景。而良好的发展前景则需要主要西方国家，尤其是德国，付出巨大努力。具体来说，这意味着：

1. 支持、激励、帮助东方和南方发展落后地区，以实现自助；

2. 在政治文明化的意义上，努力加强东方和南方精英、反对派精英和民众的社会化；

3. 将东方和南方纳入"规则制定"和实施发展计划的过程中，制定全球发展前景的普遍性标准和条件，不光需要南方国家和东方国家去适应，也需要北方国家适应。

有承受能力的发展过程也要求有政治上的稳定性：战争和内战会减少或者毁掉成功发展的机会。同时，也毁掉了国际政治文明化的可能。和平不仅是发展过程的结果，同时也是一项重要的前提条件。在救助措施以及引入发展过程的同时，必须做到努力遏制暴力冲突。

1. 预防性地缓解冲突的措施；

2. 通过谈判、调节和斡旋进行的冲突管理；

3. 制定出实施非暴力原则的条件和制裁条件。如此，提供信贷、技术援助或者优惠的市场准入等形式的支持，其能够保持少数民族的权利，国际调解的约束力，并将类似规范结合起来。

第十四条论点：仅仅用经济刺激和制裁的手段自然无法实现国际秩序的文明化。此外，在世界上很多地区还存在着传统的安全政策风险和威胁。在未来，这些风险涉及欧洲的可能性并不能完全被排除。因此，"文明力量"

并不能完全放弃军事手段。但是，军事手段要实现的功能，和在传统的权力政策和安全政策中不一样。在"文明力量"理论的框架下，军事力量的作用在于以非军事的手段将冲突的解决渠道化；其主要目标是减小威慑力，充分的防卫能力，实现集体安全，贯彻集体规范和决策。

过去一百年中，欧洲安全政策被视作是从国家安全政策到集体防御。作为机遇，从集体防御到集体安全的过渡过程，这是 21 世纪欧洲政策的基础。反对集体安全系统的论点众所周知，但是不再令人信服。首先，它们没有看到国际政治的框架条件发生了多么巨大的变化。其次，它忽视了一点，眼下并没有另一个可行的方案。因此，应当实现前述的过渡过程。挫折是不可避免的，系统内部的、防御的和遏制冲突的策略，对于补充和完整超越制度的合作政策和一体化政策是不可或缺的，在可预见的时间内甚至成为转型成功的前提条件。制定有承受能力的发展战略，消除地区紧张和冲突根源，通过对种族和民族冲突进行"治疗性干预"，让东方国家和西方国家的精英开放地接受共同价值和规范，这些努力都有助于减少危险，降低安全风险。不过，这不会改变一个事实，即发展集体安全的有效结构才是核心，它对实现国际政治文明化的努力提出了挑战。